★成功经理人365天管理笔记系列(服务业经理人)

连锁酒店店长

365天管理笔记

时代华商管理培训中心◎策划

滕宝红◎主编

◆采用“一日管理 + 一周管理 +一月管理+ 季度管理+ 全年管理”编写风格，图文并茂、形式活泼。

◆内容阅读采用PDCA循环法，通过时间安排、工作重点、管理方法、管理心得四个部分为一个完整循环的学习方式进行导读。

◆本丛书编排新颖，思路清晰，是企业经理人不可多得的管理用书。

作为一本职业经理人的学习管理笔记，该书能指引经理们每天有计划地安排时间，认真记下工作中的琐事，再把自己想做的事情、计划做的事情、没有解决的问题记录下来，并定期检视，从而使他们成为一名成功的经理人。

廣東省出版集團

广东经济出版社

图书在版编目（CIP）数据

连锁酒店店长365天管理笔记／时代华商管理培训中心策划，滕宝红主编．—广州：广东经济出版社，2012.8

（成功经理人365天管理笔记系列．服务业经理人）

ISBN 978－7－5454－1382－3

Ⅰ.①连… Ⅱ.①时…②滕… Ⅲ.①饭店—连锁企业—商业管理 Ⅳ.①F719.2

中国版本图书馆CIP数据核字（2012）第155387号

出版发行	广东经济出版社（广州市环市东路水荫路11号11～12楼）
经销	全国新华书店
印刷	深圳市建融印刷包装有限公司（深圳市罗湖区梨园路104号3楼东）
开本	787毫米×1092毫米 1/16
印张	11.5
字数	228 000字
版次	2012年8月第1版
印次	2012年8月第1次
印数	1～5 000册
书号	ISBN 978－7－5454－1382－3
定价	25.00元

如发现印装质量问题，影响阅读，请与承印厂联系调换。

发行部地址：广州市环市东路水荫路11号11楼

电话：（020）38306055 38306107 邮政编码：510075

邮购地址：广州市环市东路水荫路11号11楼

电话：（020）37601950 邮政编码：510075

营销网址：**http：//www.gebook.com**

广东经济出版社常年法律顾问：何剑桥律师

前 言

店长作为连锁酒店的负责人，在连锁酒店中起到统领全局的作用，他们的职业素质、管理能力和领导能力决定了酒店发展的速度，决定了酒店能否培养出一支优秀的员工队伍，决定了能否有效达成酒店经营目标和提高业绩。

店长是连锁酒店的领导者，由于各种原因，在管理工作中出现许多问题：要么缺乏规划，没有重点，看起来每天都很忙，但不知在忙什么，忙得没有效果；要么执行力严重缺乏，许多工作意图总是不能使员工贯彻到位或及时落实；又或不懂得设定目标，没有掌握达成目标的有效方法等。

出现这些问题的根本原因是，连锁酒店店长不会在年初做规划，不会在季初、月初、周初做计划，不会合理地安排下属的工作，不会合理地运用自己每天的时间，不会有效地跟进酒店各项工作，不会在月末、季末、年末的时候做总结报告。

当然，还有一些新上任的连锁酒店店长甚至不知道自己该在什么时候做计划、该在什么时候跟进工作、该在什么时候写总结，而只是被动地安排工作，这自然不是一个优秀的连锁酒店店长应有的表现。

针对连锁酒店店长的困境，我们设计了“成功经理人365天管理笔记”系列丛书，旨在引导连锁酒店店长们每日、每周、每月、每季、每年（年末）应当做的事情及做这些事情的方法、技巧及应用的表格、表单和工具。

“成功经理人365天管理笔记”系列丛书目前主要涵盖6个管理岗位，包括前厅经理、客房经理、餐饮经理、营销经理、财务经理、连锁酒店店长。

“成功经理人365天管理笔记”系列丛书编排新颖，思路清晰，是连锁酒店店长不可多得的管理用书。该系列丛书打破传统书籍的理论讲述，不讲为何做，而讲怎样做，注重实操性。书中提供大量工作总结、工作计划范例以及可以直接运用到实际工作中的表现。

为了方便读者学习，本书在一些重点内容，或需要注意的内容旁增加了“特别提示”栏目，方便读者注意重点、要点，加深学习印象。同时，本书在页面的右方设置了“随手札记”，供读者随时记录学习心得。请不要将这些表格忽略，要认真投入思考并记录下来，这绝对会有助于各方面能力的提升。

作为一本连锁酒店店长的学习管理笔记，通过每天有计划的时间安排，记录工作中的琐事，通过找方法，一步一步解决问题，再把自己想做的事情、计划做的事情、没有解决的问题记录下来，去寻找解决的办法，定期检视，使自己成为一名成功的连锁酒店店长。

“成功经理人365天管理笔记”系列丛书适用于连锁酒店店长、各部门经理、主管、领班，新入职的大中专学生，管理培训机构，职业管理院校的学生等阅读，也可作为管理人员的手边工具书使用。

“成功经理人365天管理笔记”系列丛书的酒店服务业由时代华商管理培训中心策划，参与编著的有北京京都黄河酒店管理（投资）集团公司、北京凯悦莱温泉度假酒店、深圳上海宾馆、秦皇岛四川大酒店、山西同汇酒店管理有限公司等机构以及薛永刚、孙勇兴、方辉、赖娇珠、段青民等专家和酒店一线管理人员，全书最后由滕宝红统稿、审核完成。

当然，本系列丛书也有不足之处，希望广大读者对我们提出宝贵意见。在此，我们所有编者对您的关注予以真诚的感谢！

“成功经理人365天管理笔记”系列丛书

编委会

目　录

导　读　365天管理阶段工作

第一章　一日工作安排与落实

忙！忙！忙！

忙些啥？

忙着进行巡视工作，忙着召开各种临时会议，忙着检查各种报表，忙着准备VIP客人接待，忙着批阅各种申请报告，忙着准备部门经理绩效考核……

作为店长的你，是不是处于以上所述盲目的忙乱状态呢？如果是，那么你就需要做好每天的工作计划了，只有按照详细计划一步步来，才能条理清晰而不至于在手忙脚乱中出差错。相信通过本章的学习，你一定能摆脱这种“穷忙”的困境！

第二章 一周工作安排与落实

新的一周又开始了，该怎样来做好这一周的工作呢？仔细想想，本周有哪些主要工作：要举行部门经理周例会；要对酒店运营情况进行总结分析；需要抓紧应收账款的回收工作……

惨啦！事情这么多，怎样才能理清呢？仔细看看，哪些必须在第一时间内完成，哪些可以稍微往后延……

如果你每周都处于这种忙碌状态，那就要做好一周工作安排与落实。通过本章学习，相信你一定可以远离这种状态，从而让工作更加有条理，更加轻松愉快！

第三章　月度工作安排与落实

连锁酒店店长工作的事情多且杂，需要协调酒店各部门正常工作，如果工作没有做好，将会影响整个酒店的正常运转。每个月的工作有常规的，也有突发的，店长要让自己做到忙而不乱、井井有条，就必须做好工作安排。

第四章　季度工作安排与落实

对于季度工作的安排，是属于宏观性的，必须要对一个季度的重点事项做到心中有数，才能按照季度安排做好每月、每周甚至每一天的工作。

作为连锁酒店店长，每一个季度的重点工作都需要有所侧重；但是总的来说，每一个季度的工作中又有重复的事情。要想让自己能从容应对，你先要将自己的每一个季度的工作都做好安排。

第五章　年度工作安排与落实

年终又到了，要对本年度酒店工作进行总结，同时要制订下一年度计划、实行年终部门大检查……

这个时候可以说是店长忙得团团转的时候。

其实，你也可以不用让自己显得如此忙碌，比如：

提前将年终各项工作做好安排，让每件事情都按照计划进行。当然，预留一定的时间来应对突发事件，可以让你的年终各项工作更好地完成。

导读

365天管理阶段工作

一、一年365天时间分配

一年365天，时间是有限的，要怎样进行合理分配？作为连锁酒店店长，这是一个必须要考虑的问题。

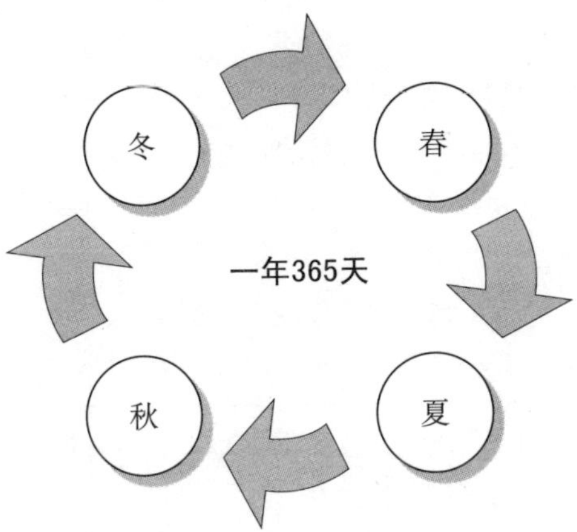

图1　一年365天循环图

二、国家法定节假日

连锁酒店店长要对时间进行合理分配，首先要明确一年中的国家法定节假日。因此，可以先将一年中的国家法定节假日分列出来。一年中常规的国家法定节假日如表1所示。

表1　国家法定节假日

序号	节假日名称	放假天数	日期
1	元旦	1天	1月1日
2	春节	3天	农历除夕，正月初一、初二
3	清明节	1天	4月5日
4	劳动节	1天	5月1日
5	端午节	1天	农历端午当日
6	中秋节	1天	农历中秋当日
7	国庆节	3天	10月1～3日

三、工作时间

工作时间，又称法定工作时间，是指员工为履行工作义务，在法律规定下，在用人单位从事工作或者生产的时间。

（一）工作时间计算

年工作日：365天－104天（休息日）－11天（法定节假日）=250天

季工作日：250天÷4=62.5天

月工作日：250天÷12=20.83天

（二）有效工作时间

有效工作时间就是称职员工完成一件工作所必需的时间。如果上班时间为8小时，通常情况下，大多数员工的有效工作时间是达不到8小时的，必须扣除等待、无意义的闲聊、串岗或处理个人私事的时间。

四、阶段工作法

连锁酒店店长可以采用阶段工作法对工作进行安排。什么是阶段工作法呢？这里所说的阶段指的就是一日、一周、一个月、一个季度、年度各个不同的时间段。

连锁酒店店长对一日、一周、一月、一季度和年度的工作，要做好时间上以及工作事项上的安排，对工作进行分阶段总结。

表2　连锁酒店店长阶段工作安排

<table>
<tr><th>阶段</th><th>工作事项</th><th>备注</th><th>阶段</th><th>工作事项</th><th>备注</th></tr>
<tr><td>一日</td><td>（1）制订当日工作计划
（2）做好每日形象自检
（3）每日巡视工作
（4）用表格与表单管理
（5）店内促销的作用与涉及的人事
（6）店内促销的相关工作和政策
……</td><td></td><td>一周</td><td>（1）制订一周工作计划
（2）主持部门经理周例会
（3）开展VIP客人接待工作
（4）做好酒店日常安全管理
（5）做好酒店消防安全管理
（6）做好酒店卫生质量管理工作
（7）做好每周工作小结
（8）做好每周自我反思</td><td></td></tr>
<tr><td>一个月</td><td>（1）制订一月工作计划
（2）制订每月排班表
（3）做好酒店员工培训
（4）征求客人意见与建议
（5）做好例行会议管理
（6）做好成本控制工作
（7）做好月度员工绩效考核
（8）编写月度工作总结</td><td></td><td>一个季度</td><td>（1）制订酒店季度目标计划
（2）受理员工离职
（3）做好酒店新员工招聘
（4）做好员工薪酬管理
（5）举行季度员工生日会
（6）举行季度消防演习
（7）做好酒店公共关系管理
……</td><td></td></tr>
<tr><td>年度</td><td colspan="4">（1）年度工作总结与下一年度计划
（2）做好年度工作计划
（3）制订酒店年度预算
（4）制订年度活动方案
（5）组织开展店庆活动
（6）组织年度优秀员工评选活动
（7）做好酒店文化建设
（8）制订酒店安全责任书
（9）做好酒店员工年终绩效考核</td><td></td></tr>
</table>

第一章

一日工作安排与落实

忙！忙！忙！

忙些啥？

忙着进行巡视工作，忙着召开各种临时会议，忙着检查各种报表，忙着准备VIP客人接待，忙着批阅各种申请报告，忙着准备部门经理绩效考核……

作为店长的你，是不是处于以上所述盲目的忙乱状态呢？如果是，那么你就需要做好每天的工作计划了，只有按照详细计划一步步来，才能条理清晰而不至于在手忙脚乱中出差错。相信通过本章的学习，你一定能摆脱这种“穷忙”的困境！

一、制订当日工作计划

连锁酒店店长在制订当日工作计划前，要对当日的时间和工作事项进行仔细分析。根据工作事项的紧急性、重要性按先后顺序排列，重要和紧急的最先做，不重要和不紧急的放在最后做，以保证所有事项都能恰当而圆满地完成。

（一）时间清单分析

店长可以将一天的法定工作时间，按照每半小时为一段，进行分段，然后逐项将实际活动事项填入时间清单分析表中，如表1-1所示。在活动事项后面，准确填入该活动事项相应的计划用时、实际用时、超时以及超时原因。

（二）工作事项分析

1.工作清单分析

店长分析一个法定工作日内所做的工作事项，各自用时如何，如果超时，找出原因在哪儿。这可以采用工作清单分析表（表1-2）进行明确分析。

表1-1　时间清单分析表

姓名：　　　　　　　　　　　　　　日期：

序号	时间	活动事项	计划用时	实际用时	超时	原因
1	8:30～9:00					
2	9:00～9:30					
3	9:30～10:00					
4	10:00～10:30					
5	10:30～11:00					
6	11:00～11:30					
7	11:30～12:00					
8	12:00～12:30					
9	12:30～13:00					
10	13:00～13:30					
11	13:30～14:00					
12	14:00～14:30					
13	14:30～15:00					
14	15:00～15:30					
15	15:30～16:00					
16	16:00～16:30					
17	16:30～17:00					
18	17:00～17:30					
19	17:30～18:00					
总计						

表1-2　工作清单分析表

姓名：　　　　　　　　　　　　日期：

工作事项	计划时间	实际时间	浪费/延误	无计划用时	原因

（1）将所有工作填入工作事项栏，包括累计用时超过10分钟的工作。如果没有超过10分钟可以不填入，但如果这些事项累计时间超过1小时，就要引起重视，应该在分析表中作特别说明。正常事项如检查昨日现金流量表，上午20分钟，下午30分钟，可以将此累计在报表检查这一事项中。

（2）填入具体事项，如“到人力资源部了解员工招聘情况”、“检查前厅卫生情况”、“听取餐饮经理对今天宴会接待工作情况的汇报”、“处理客人投诉”等。

（3）只要简单说明浪费、延误的原因即可。如与前厅经理商量下个月前厅部工作计划，预计30分钟，但由于没有把握好本次商谈用时，结果花了40分钟，超时10分钟。

2.工作（活动）分项分析

（1）店长可以将工作清单中的同类事项进行合并，然后填入工作（活动）分项分析表中，如表1-3所示。

随手札记

（2）“无计划用时”只计算无计划用时总计数。各项工作活动的无计划用时，是指该项工作活动的实现没有计划时间。

（3）凡是超计划用时或者是记不起来的用时均计入“浪费/延误”中。

3.工作紧急性分析

店长分析出每天各项工作的紧急程度，根据不同程度安排工作先后顺序。可以将工作事项紧急性分为四类，将当日工作进行分类安排，列出一张分析表，如表1-4所示。

4.工作重要性分析

店长将当日工作事项根据重要程度，合理地安排工作用时。同紧急性一样，将工作事项分为四类，即非常重要、重要、不很重要、不重要，如表1-5所示。

（三）制订每日计划表

店长根据前面对工作时间和工作事项的分析，就可以制订一份个人每日工作计划表。每日计划表可以按照不同标准来

表1-3 工作（活动）分项分析表

姓名： 日期：

分析事项	计划用时		实际用时		浪费/延误		无计划用时		原因
	用时	排序	用时	排序	用时	排序	用时	排序	
召开部门早会									
到酒店各部门现场巡视									
给VIP客人打电话									
查看去年同期客房销售情况									
处理火灾等紧急事件									
起草安全管理计划									
签署各类需店长批准的文件									
听取酒店各部门经理的工作汇报									
接待到店VIP客人									
在酒店各部门之间进行协调工作									
进行酒店安全大检查									
……									
总计									

表1-4　工作紧急性分析表

姓名：　　　　　　　　　　　　　　　　日期：

紧急性 工作事项	非常紧急（马上要做）	紧急（短时间内要做）	不很紧急（可从长计议）	不紧急（无时间要求）
某客房设备出现问题，导致客人投诉	√			
安排工程部对康乐中心设施设备进行检查		√		
制订酒店员工工作守则			√	
督导人力资源部进行新员工招聘工作				√
……				

注：在相应的栏目下打“√”。

表1-5　工作重要性分析表

姓名：　　　　　　　　　　　　　　　　日期：

重要性 工作事项	非常重要（绝对要做）	重要（应该做）	不很重要（可做可不做）	不重要（可不做）
与前厅部商讨客房状态信息核对问题		√		
对客房送餐问题予以处理		√		
解决客人对客房服务质量投诉	√			
建立客房部信息管理制度				√
……				

注：在相应的栏目下打“√”。

随手札记

制作，如按照时间或工作事项的紧急重要性等。

1.工作时间

表1-6是某连锁酒店店长按照时间制订的每日计划表，仅供参考。

特别提示：

现在，你可以制订一份自己的每日工作计划表，对自己一天事项进行合理安排。

二、做好每日形象自检

连锁酒店店长每天出门之前，要在镜子前仔细照一照，看看自己的形象是否“过关”。良好的个人形象，不仅代表个人，还代表了整个酒店。因此，店长必须做好每日形象自检工作。

表1-6　每日工作计划表

时间		预定工作内容	执行结果
上午	8:00前做到	1.上岗前检查自身仪容仪表 2.与值班经理谈话，查看酒店昨日经营情况	
	8:00～9:00	检查各类报表，如每日营业日报、每日出租率报告；每日水电气的能耗日报；每日餐饮成本报告等，以了解酒店经营状况	
	9:00～11:00	巡视酒店各部门，检查员工仪容着装、工作状况及各部门清洁卫生情况	
中午	11:00～11:30	工作午餐	
下午	11:30～15:30	1.受理客人投诉 2.监督各项营业报表，并进行营业统计分析 3.做好VIP客人的接待工作	
	15:30～17:00	1.协调酒店各部门之间的业务关系，保证酒店各项工作顺利进行 2.督促、检查各部门的工作完成情况，对不符合酒店要求的要及时纠正	
	17:00～17:30	工作晚餐	
	17:30～18:30	1.召集各部门经理开工作例会，总结一天工作情况，对不完善的地方要特别说明并进行培训 2.再次检查各项营业报表，对第二天的营业情况作出预测	

（一）整体形象

个人整体形象示例对比，具体如图1-1所示。

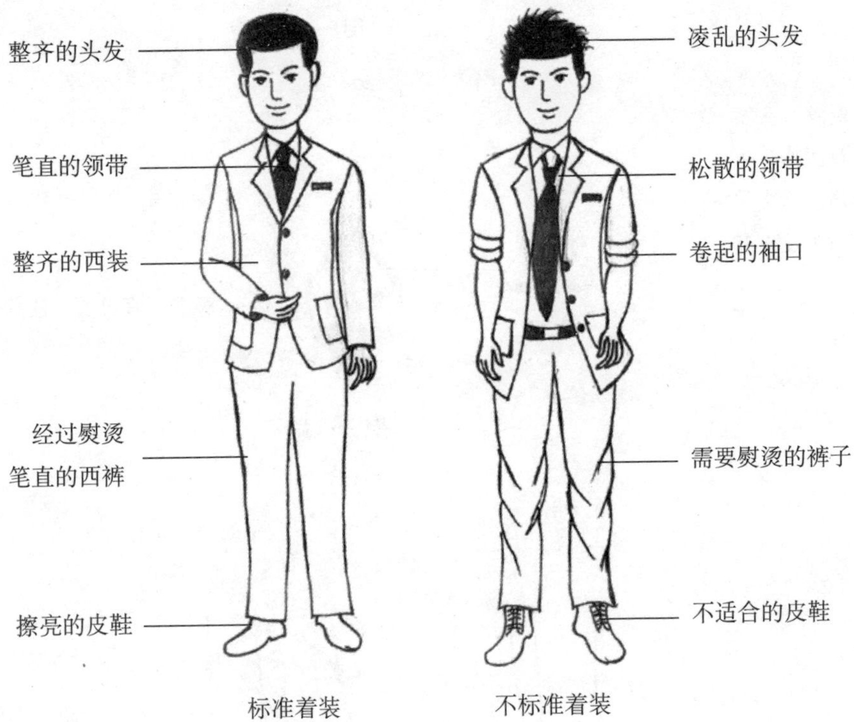

图1-1　整体形象

随手札记

（二）具体细节

形象往往体现于细节之中，因此要做好各种细节工作。下面列举一些细节事项，请参照对比。

1.头发

不准染发、烫发，头发不要长过耳及面部，更不要长过衣领。清爽的发型、干净的头发更有朝气

图1-2　头发

2.胡须

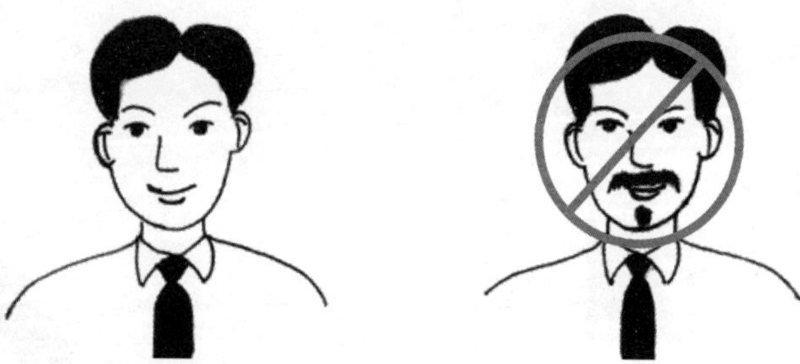

不蓄胡须

图1-3　胡须

3.牙齿

注意牙齿的清洁卫生，保持口气清新

图1-4　牙齿

4.鼻子

鼻毛不宜过长，注意鼻腔卫生

图1-5　鼻子

5.鞋

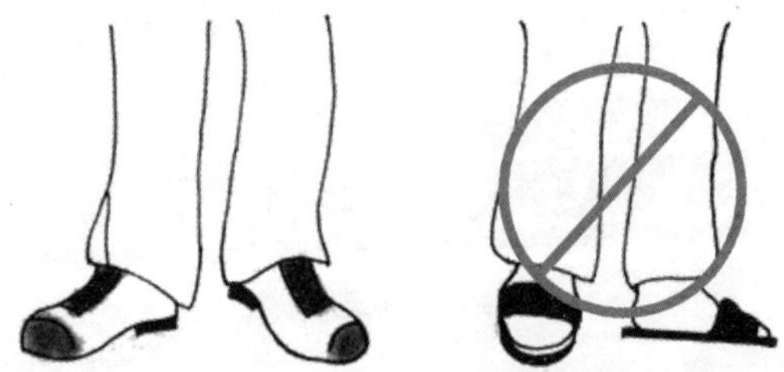

上班时不得穿拖鞋

图1-6　鞋

（三）形象自检表

店长可以根据形象自检表，来检查自己的形象是否符合要求。

1.男士形象自检

男士形象自检，具体如表1-7所示。

2.女士形象自检

女士形象自检，具体如表1-8所示。

表1-7　男士形象自检表

序号	项目	检查重点	备注
1	头发	（1）常洗常剪吗？有无头屑 （2）额前头发遮盖眼睛吗？长短合适吗？是否15天修剪1次头发	
2	面部	（1）脸上有清洁、健康之感吗？会不会干涩或油光光的 （2）认真刷牙吗 （3）常刮胡须吗	
3	衣服	（1）适合工作环境吗 （2）着装端正，肩上有头屑吗 （3）穿新衣服时，精心整理了吗	
4	衬衫	（1）是否干净？平整挺括，无污垢、无斑点 （2）是否平展？纽扣齐全吗 （3）领带干净平整吗	
5	裤子	（1）是否无污垢、斑点，平整挺括 （2）裤子的拉链、纽扣是否结实 （3）皮带是否结实	

随手札记

（续表）

序号	项目	检查重点	备注
6	衣袋	（1）衣袋内是否放有纸巾 （2）衣袋内有无棉尘、脏物	
7	手	（1）指甲是否认真修剪了？手及指甲粗糙 （2）手指甲是否干净	
8	袜	（1）脚上的袜子是否干净？每天换洗吗 （2）袜子与衣服的颜色、款式是否协调、适合	
9	鞋	（1）鞋子是否光亮整洁？鞋后跟是否磨损变形 （2）鞋与衣服的颜色、款式是否协调、适合	
10	其他	（1）面带微笑吗 （2）情绪饱满吗	

表1-8　女士形象自检表

序号	项目	检查重点	备注
1	头发	（1）是否常洗常剪？头上饰物会哗众取宠吗 （2）额前头发是否遮盖眼睛？长短合适吗？发型有无妨碍工作	
2	化妆	（1）脸上有清洁、健康之感吗？保养面部皮肤了吗 （2）口红、眼影浓淡适合吗？口红颜色相宜吗（避免使用偏白荧光型口红）	
3	衣服	（1）适合工作环境吗 （2）常洗熨吗？肩上有头屑吗	

特别提示：

店长可以以个人形象自检表为标准，对酒店所有员工进行检查，并作出要求。因为无论是管理者还是员工，其个人形象都代表着整个酒店的形象。

三、每日巡视工作

巡视工作是店长每日的核心工作。通过巡视，店长可以对酒店员工的仪容仪表、精神面貌以及各部门环境进行仔细了解，尽可能早发现存在的问题，并及时予以解决，以保证每天的工作顺利进行。

（一）员工仪容仪表检查

店长对员工的仪容仪表检查可参照本章上一节中店长每日形象自检表。

（续表）

序号	项目	检查重点	备注
4	衬衫	（1）是否干净、平整挺括，无污垢、无斑点 （2）是否平展？纽扣齐全吗 （3）领巾干净平整吗	
5	裙子	（1）是否整洁、平整挺括 （2）有无未绽线散开	
6	装饰品	（1）是否累赘、引人注目 （2）是否佩戴造型奇特的手表	
7	手	（1）指甲认真修剪了吗 （2）手指甲是否太长？指甲油是否过浓或出现脱落	
8	长筒袜	（1）颜色是否适当 （2）是否绽线	
9	鞋	（1）鞋子是否光亮整洁？鞋后跟是否磨损变形 （2）鞋与衣服的颜色、款式是否协调、适合	
10	其他	（1）面带微笑吗 （2）情绪饱满吗	

（二）员工服务质量检查

连锁酒店店长每天至少要对酒店进行三次巡视，目的就是为了检查酒店各部门员工的服务质量和环境卫生状况，并对出现的问题及时解决。

1.建立服务质量标准

店长要检查酒店员工的服务质量，就必须先建立一个服务质量标准，依照这

随手札记

个标准，店长才能对每个员工的服务质量进行准确的评估。为了使检查工作尽可能准确，服务质量标准应尽可能量化，比如前台铃声响3声必须接听，如果店长发现铃声响了4声前台员工才接听，就应引起注意，如果多次发现这种情况，店长就应当找到部门经理或主管，协商解决这个问题。

下例是××连锁酒店店长制订的服务质量标准，仅供参考。

范例 01

前厅部服务质量标准

一、前台接待

1.客人到前台3米之内须问候。

2.电话铃响3声之内须接听。

3.无预订客人办理入住时间不超过3分钟，其中包括：对客推销、办理手续、介绍服务项目和发房卡。

4.有预订客人办理入住时间不超过2分钟，其中包括：办理手续、介绍服务项目和发房卡。

5.旅游团队接待和办理入住登记手续，15分钟内完成（有预订的）。

6.在接待客人过程中使用客人姓氏称呼客人达3次以上。

7.输单时间不超过1分钟。

8.帮客人延房在1分钟内完成（非现金），现金付款延房不超过2分钟。

9.帮客人换房在2分钟内完成。

10.为客人办理查询不超过20秒。

11.查询住客资料不超过30秒。

12.查询预订客人资料不超过30秒。

13.查询离店客人资料不超过30秒。

14.查询客人历史档案资料不超过30秒。

15.查询团队资料不超过30秒。

二、礼宾部

1.旅游团队进出店行李服务时间不超过15分钟。

2.入店团队行李件数在2分钟之内点完。

3.入店团队行李在客人进入房间后10分钟内送到房。

4.对VIP客人须提前15分钟在酒店门口迎接。

5.散客进出店行李服务时间不超过5分钟。

6.客人行李寄存及领取时间不超过2分钟，隔夜行李不超过4分钟。

7.为客人递送邮件、留言条、EMS、传真的时间不超过10分钟。

8.所有出车提前15分钟候客。

9.为客人叫出租车在3秒内完成。

10.为客人开车门在2秒内完成。

11.寄存与领取雨伞的时间不超过20秒

12.转交及领取物品时间不超过2分钟，隔夜的不超过4分钟。

三、商务中心

1.发传真时间不超过2分钟/页，包括拨号、接听、发出。

2.收传真时间不超过5分钟（从收传真到送到客人房间）。

3.商务中心文员中文打字100字/分钟，英文打字150字/分钟。

4.复印时间不超过30秒/页，包括接待和设置。

5.为客人发邮件时间不超过5分钟。

6.为客人装订文件10分钟100页。

7.为客人办理快件邮递手续时间不超过10分钟。

范例 02

客房部服务质量标准

一、房务中心

1.电话铃响3声内须接听。

2.查询客人数据在30秒内完成。

3.要传达的信息，在20秒内通知到相应楼层及有关人员。

二、楼层

1.接到VIP到达通知，服务员在3分钟内到电梯口迎接客人。

2.楼层为客人整理床铺在3分30秒（中式小床）内完成；中式大床在4分30秒内完成。

3.借物、送物（日用品）在5分钟之内完成。

4.送欢迎茶在5分钟之内完成。

5.送香巾在3分钟之内完成。

6.需要加椅子在5分钟之内送到客房，加茶在5分钟之内送到客房。

7.客人借用插线板、充电器、网线等物品，在5分钟之内送到客人房间。

8.做住房（标准间）20分钟/间。

9.退房25分钟/间，小整理8分钟/间。

10.整理空房5分钟/间。

11.查退房报前台2分钟/间。

12.为客人办理加床服务在10分钟之内完成。

13.每天2次到房间收取客衣。

14.管理人员查房5分钟/间。

15.客房主管每天查房30间以上。

16.客房副经理每日查房30间以上。

17.客房副经理每日查房10间以上。

18.开夜床服务在8分钟内完成（以标准间为例）。

19.擦鞋服务：从收鞋到送回在6分钟内完成。

20.夜班服务员必须每30分钟巡一次楼。

21.每周对楼层公共区域进行一次大清洁。

随手札记

范例 03

餐饮部服务质量标准

一、中餐厅

1.电话铃响3声内须接听。

2.客人到达餐厅门口，迎宾员必须在5秒内接待客人。

3.迎宾员因故离岗，其他人员须在1分钟内补位。

4.迎宾员引领客人进入包房就座后，服务员在3分钟之内为客人上香巾。

5.客人落座之后在3分钟内为客人上好茶水、饮料（鲜榨果汁除外）。

6.客人预订包房后，服务员在客人到达前30分钟准备好酒水、香巾。

7.零点客人，冷菜在5分钟之内送到。

8.大型宴会提前15天与预订客人联系。

9.中小型宴会提前5天与预订客人联系。

10.大型宴会在宴会前提前1小时准备好休息室及茶壶、茶叶及开水。

11.大型宴会提前1小时按宴会标准取出相应的酒品饮料并摆放在服务台上。

12.宴会开始前30分钟，对宴会准备工作进行最后一次检查。

13.宴会开始前15分钟，楼面服务员站立在各自岗位上，准备迎接客人的到来。

14.客人入座后在1分钟之内为客人打开餐巾，脱下筷子套。

15.客人在用餐时，如餐具不慎掉地上，20秒内应补上干净餐具。

16.宴会开始前10分钟内上凉菜。

17.中餐宴会当中应提供3次以上香巾。

18.通知起菜后第一道菜须在8分钟内送上桌，并且每道菜之间的间隔不超过5分钟（特殊菜式除外）。

19.点好菜后，下单送到备餐间的时间不超过3分钟。

20.客人点完菜后在1分钟内推上凉菜车（在大厅内）。

21.客人点海鲜后，服务员应在6分钟之内把海鲜送到包房给客人核对确认后，方可送到厨房。

22.为客人点菜的时间不可超过6分钟，点完菜后，上第一道菜的时间不可超过8分钟，整桌菜在30分钟以内上完。

23.为客人开红酒在1分钟内完成。

24.为客人开啤酒在30秒内完成。

25.斟续酒10秒/人。

26.高档菜必须在16分钟内出品。

27.备餐间员工送菜在同一楼层须3分钟内送到包房。

28.备餐间员工送菜不在同一楼层须4分钟内送到包房。

29.高档宴会分菜，服务员必须在3分钟内完成一道菜（10人台为标准）。

30.剔鱼刺在3分钟内完成。

31.如点了需要配佐料或工具的菜时，应在上菜前5分钟之内上齐所有佐料和工具。

32.客人拿出烟，服务员应在5秒内为客人点上。

33.烟缸内有3个烟头就必须更换。

34.在5秒之内换一个烟缸或骨碟。

35.骨碟内有烟灰、骨头等杂物时必须在5秒内更换。

36.客人来用餐需要重新摆台时，服务员应在5秒内完成所有准备工作（散餐）。

37.从包房到吧台来回不超过4分钟。

38.客人对服务员提出服务要求时，服务员应在3秒内应答客人。

39.用餐途中加点酒水时间不超过4分钟（包括下单、送单）。

40.如用餐客人要求加位，必须在1分钟之内完成。

41.掉地上的纸屑、杂物必须在5秒内捡起。

42.客人用餐完毕后，在3分钟内清理台面、送水果。

43.从客人要求结账到结账完毕不超过5分钟。

44.客人走后服务员清场至复台：4～6人的台不超过15分钟。

45.客人走后服务员清场至复台：7～10人的台不超过20分钟。

46.客人走后服务员清场至复台：11～14人的台不超过30分钟。

47.用餐过程中菜式出现质量问题，客人要求更换时，在8分钟之内上好客人所需菜式（除特殊菜式之外）。

二、西餐厅

1.电话铃响3声内须接听。

2.在客人到达餐厅1分钟之内让客人就座。

3.当迎宾员引客入座时，服务员应在10秒内前来点酒水、饮料。

4.客人落座后1分钟内呈送菜单、酒单。

5.客人点零点时，为客人点单时间不得超过3分钟/位。

6.送单至厨房不超过2分钟。

7.客人点的酒水、饮料须在3分钟以内上好（鲜榨果汁8分钟）。

8.为客人开红酒在1分钟内完成。

9.为客人开啤酒、斟酒1分钟内完成。

10.客人用完餐的空碟须在1分钟内撤走。

11.当客人杯中的酒水、饮料只剩1/3时应及时添加。

12.从客人拿起香烟至给客人点烟不得超过3秒。

13.为客人临时拼台，应在2分钟内完成（8人位以内）。

14.客人点完餐后，撤换用餐餐具时间控制在1分钟/位完成。

随手札记

15.客人点餐前饮料在2分钟内完成。

16.客人落座后，服务员在2分钟内为客人上好冰水。

17.客人点好菜，服务员在2分钟内为客人上好面包。

18.客人点沙拉在10分钟内送到餐桌。

19.客人点比萨在15分钟内送到餐桌。

20.客人点牛扒在12分钟内送到餐桌。

21.客人点意粉在8分钟内送到餐桌。

22.客人点汉堡在8分钟内送到餐桌。

23.客人点甜品在10分钟内送到餐桌。

24.为客人煎鸡蛋在5分钟内完成。

25.为客人煎蛋卷在3分钟内完成。

26.早餐点米粉的时间在3分钟内完成。

27.零点点米粉的时间在5分钟内完成。

28.客人餐桌的烟灰缸有3个烟头就要更换。

29.从客人要求结账到结账完毕不超过5分钟。

30.客人用餐完毕后，服务员在4分钟之内重新摆台。

三、大堂吧、咖啡厅

1.客人在咖啡厅（大堂吧）就座后，服务员要在30秒内前来接待客人。

2.客人在咖啡厅（大堂吧）点酒水、饮料，服务员在3分钟之内送到。

3.在30秒之内为客人加好位。

4.当客人水杯的水只剩下1/3时，要及时添加。

5.当客人烟灰缸有3个烟头时须更换。

6.在2分钟内整理好1张台面。

7.客人点西厨出品的小吃，从客人点单至为客人送上的时间不得超过12分钟。

8.上一杯鲜榨果汁在5分钟内完成。

9.上一杯现磨咖啡在6分钟内完成。

10.上一杯冲泡咖啡在4分钟内完成。

11.从客人要求结账到结账完毕不超过3分钟。

12.客人结账离开后在3分钟内重新摆台。

四、酒吧

1.酒吧服务员拿任何一款无须调制的酒水在3分钟内完成。

2.酒吧服务员在5分钟内调制好一种鸡尾酒。

3.酒吧服务员榨一杯果汁在5分钟内完成。

4.酒吧服务员榨一扎果汁在8分钟内完成。

5.现磨一杯咖啡不超过6分钟。

6.冲泡一杯咖啡不超过3分钟。

7.完成一份小盘果盘不超过4分钟、中盘不超过5分钟、大盘不超过6分钟。

8.当客人烟灰缸有3个烟头时须更换。

9.从客人要求结账到结账完毕，时间不超过3分钟。

2.检查工作

店长在日常巡视工作中应按照服务质量标准严格检查员工的服务质量，对不合标准的行为要及时进行纠正。在巡视过程中，店长应注意以下几个重点，这样可以使巡视工作更有效率。

（1）一般来说，酒店运转方面有三个高峰期（上午7:00～8:00客人离店，中午12:00用餐高峰，18:00～19:00客人抵店），这是检查的一个重点。要看看各点的接待规范秩序是否符合要求。

（2）抓住质量上几个薄弱环节进行

抽查。如上、下班时间，中午和晚间，深夜以及星期天这几个时间点，大多数管理人员不在或下班了，员工容易纪律涣散。在这几个时间内抽查，容易发现问题。对查出的问题要研究对策，制定改进措施。

（3）对服务质量的协调管理是全面的。除了重点抓好服务规范、标准管理外，还有安全质量管理、设备设施质量管理、清洁卫生质量管理、仪表仪容、服务态度、工作纪律等质量方面的管理。这些共同组成全面服务质量管理概念。

特别提示：

店长亲自进行服务质量检查，对各部门都是一个压力和督促。有时深夜抽查工作纪律，有时亲自检查一两个房间的清洁、规格。店长对酒店服务质量方面的情况掌握得越多，情况越明了，对质量工作的管理也就能抓得越紧。

（三）各部门环境检查

除了检查酒店员工的服务质量，店长在每日巡视工作中还要重点检查各部门的环境卫生情况。一般来说，酒店各职能部门经理如餐饮经理，每天也都会开展巡视工作，对本部门的环境卫生情况进行检查。因此店长应着重对几个核心区域进行检查，如前厅、客房以及公共区域等。

1.大堂环境检查

大堂是酒店的“脸”，也是酒店进行客人接待、预订等工作的主要场所，店长在检查时必须格外重视。大堂要保持秩序正常、气氛舒畅，遇到不协调的情况应立即采取措施进行解决，具体的巡查事项及处理措施，如表1−9所示。

2.客房部巡查

店长在每日的例行巡视中，要对客房部各部门的卫生情况进行检查，以保证客房及楼层的卫生质量。检查内容如表1−10所示。

随手札记

表1-9　大堂巡查表

序号	巡查项目	检查内容	处理措施
1	大堂地板	是否干净、整洁	发现脏、乱现象立即亲自处理或通知相关部门派人处理
2	台面、烟灰缸	是否干净、整洁	发现脏、乱现象立即亲自处理或通知相关部门派人处理
3	礼宾台摆放资料处	（1）酒店简介、房价表、报纸是否摆放整齐 （2）各处酒店名片是否摆放正确、整齐 （3）前台垫板是否摆放合理	发现不合理处立即纠正
4	时间牌	时间、天气、日期是否正确	发现不正确则立即调准
5	前台鲜花	是否按时更换	如没有则通知相关部门，要求花店送花更换
6	公用电话处电话簿	是否摆放整齐，电话是否放好	如有不妥立即纠正
7	大堂吧	是否整洁，餐具等是否合乎摆放规范	如有不妥，立即让员工纠正
8	各处绿色植物	是否摆放整齐，是否干净	发现不妥则通知PA进行处理
9	大堂摆欢迎牌、指示牌	是否正确、有效	如有差错则立即更改，如过期则请礼宾搬走
10	门口所挂横幅	是否正确、有效	有错则通知工程部更改，过期则通知收走
11	喷泉	是否正常	水太浅则通知礼宾放水，如有工程问题及时通知工程部检修

表1-10　客房部巡检表

区域	检查内容	检查结论事实陈述	确认人	备注
客房楼层	到达时间			
	着装情况			
	名牌佩戴			

（续表）

区域	检查内容	检查结论事实陈述	确认人	备注
客房楼层	个人妆容			
	楼层公共区域卫生（挂画、地角线、烟灰筒、消火栓、管道井门、走廊壁灯、空调口、公寓层台桌等）			
	房间清扫程序（抽查）			
	当日计划卫生情况（抽查）			
	台班员工工作情况（电话接听、钥匙管理、输送服务态度、效率等）			
	清扫员工作情况（清扫规范、程序等）			
	有无特殊事项（VIP客人、老、弱、病、残等）			
	楼层安全情况			
	清洁工具卫生状况[工作车柜、架、隔板、物品摆放、清洁桶内卫生（马桶刷、浴缸刷分开存放）、烟蒂桶卫生等]			
	清洁设备卫生、安全状况（吸尘器外观卫生、电源线有无裸露、声音有无异常、吸力是否正常等）			
	有无污染的布草（原因、污染者、处理结果）			
	楼层消火栓情况到位检查表（保安部）、数量、状态等			
	楼层照明设施情况（走廊灯、电梯灯、出口指示灯、通道灯等）			
	服务设备工作情况（制冰机、楼层冰箱、紫外线消毒柜等）			
	楼层工作间卫生间状况（地面、洗手台面、消毒桶、物品橱、有无晾晒个人衣物等）			
	楼层仓库卫生状况（工作车摆放、物品橱摆放、有无积尘、蛛网等）			
	楼层配电室（有无堆积杂物、电闸盒工作状况、各类指示灯状态等）			
	楼层各类标志情况（有无缺失、破损、不规范等）			
	质量记录填写情况			
	岗位纪律			
	其他			

（续表）

区域	检查内容	检查结论事实陈述	确认人	备注
客房中心	到达时间			
	当班电话员姓名			
	着装情况			
	名牌佩戴			
	个人妆容			
	电话员接听电话规范（态度、语言、技巧、效率等）			
	客房仓库（各类物品是否分类摆放、整齐有序、隔墙离地、有无过期物品等）			
	配制楼层消毒水量杯情况（有无检定标志、有效期等）			
	客房中心卫生状况（地面、台面、电脑、电话等）			
	联网电脑有无异常情况显示			
	质量记录填写情况			
	岗位纪律			
	其他			
员工宿舍	到达时间			
	宿舍卫生状况			
	宿舍安全状况（有无漏水、停电等）			
	住宿员工纪律情况			
	有无特殊事项（员工连续几天未归、生病等）			
	质量记录填写情况			
	岗位纪律			
	其他			

3.参照国家最新标准

店长不论检查酒店哪个部门的环境卫生情况，都应当严格参照国家旅游局对酒店星级评定的最新标准《旅游饭店星级的划分与评定》GBT 14308—2010进行，例如对大堂的卫生检查最新标准如表1-11所示。

表1-11　大堂的卫生检查最新标准

2.2	前厅维护保养与清洁卫生
2.2.1	地面：完整，无破损、无变色、无变形、无污渍、无异味，清洁、光亮
2.2.2	门窗：无破损、无变形、无划痕、无灰尘
2.2.3	天花（包括空调排风口）：无破损、无裂痕、无脱落，无灰尘、无水迹、无蛛网，无污渍
2.2.4	墙面（柱）：平整，无破损、无开裂、无脱落、无污渍、无蛛网
2.2.5	电梯：平稳、有效，无障碍、无划痕、无脱落、无灰尘、无污渍
2.2.6	家具：稳固、完好，与整体装饰风格相匹配。无变形、无破损、无烫痕、无脱漆、无灰尘、无污渍
2.2.7	灯具：完好、有效，与整体装饰风格相匹配。无灰尘、无污渍
2.2.8	盆景、花木、艺术品：无枯枝败叶、修剪效果好，无灰尘、无异味、无昆虫，与整体装饰风格相匹配
2.2.9	总台及各种设备（贵重物品保险箱、电话、宣传册及册架、垃圾桶、伞架、行李车、指示标志等）：有效、无破损，无污渍、无灰尘

随手札记

四、用表格与表单管理

店长的管理主要是通过各种制度和计划，将酒店的服务工作科学地组织起来，完成酒店预订的目标。因此，酒店店长在日常工作中要及时掌握情况，制定、检查和调整各种计划和措施。所有这些都离不开原始的记录。

表格和表单是实行规范化管理的一种定型和定式化的手段，可以用来及时、具体地记录各种原始数据，为店长考核员工业绩、控制营业费用提供准确的信息。

（一）表格管理的作用

1.实行规范化管理和操作的保证

整理和检查酒店各部门的表格是不是按照酒店规定的服务质量标准设计和制作的。

（1）店长和各部门主管在进行整理、检查工作中，都必须填制必要的表格。

（2）由于表格都是用事实和数据说话，可以定性定量地反映客观事实，用以评估酒店各部门整理、检查质量的高低，揭示酒店各部门运转的规律，从而及时发现服务和管理过程中存在的问题，为店长实行科学管理提供客观依据。

2.考核的依据

酒店各部门整理和检查的表格是关于整个酒店服务和管理活动的各种原始数据和事实的真实记录，是对酒店所有员工进行评估和考核的依据。

3.控制成本手段

店长可以通过员工工作表和领班报表控制每个员工的工作成本，达到既满足客人需要，又降低营业费用的目的。

（二）酒店常用表格

酒店每天都会产生大量表格，作为连锁酒店店长，不可能审阅所有表格，他应该挑选最重要的、最关键的表格来查看，以精确掌握酒店运营情况。这其中有六个方面的表格是连锁酒店店长每天必须认真查看的，如图1-7所示。

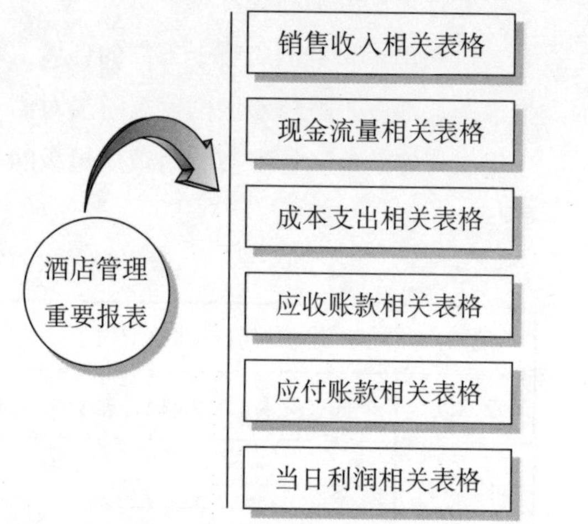

图1-7　酒店管理重要报表

1.销售收入

酒店每日的收入，是酒店管理工作、销售工作、客源开发工作结果的晴雨表。每日销售收入的高低，决定了酒店每日效益的好坏，决定了全年收入的积累。连锁酒店店长必须重视酒店每日收入相关的表格，特别是客房收入、客源结构、团队预订、客人入住、平均房价、就餐人数、平均餐费、每日毛利率，以及大堂吧、茶坊、商场、车场、会议室、场租等

其他收入相关表格。如表1-12、表1-13

表1-12　客房收入日报表

××××年××月××日

<table>
<tr><th colspan="3">豪华标间</th><th colspan="3">豪华单间、豪华套间</th><th colspan="3">普通标间</th></tr>
<tr><th>房号</th><th>人数</th><th>租金</th><th>房号</th><th>人数</th><th>租金</th><th>房号</th><th>人数</th><th>租金</th></tr>
<tr><td></td><td></td><td></td><td></td><td></td><td></td><td></td><td></td><td></td></tr>
<tr><td></td><td></td><td></td><td></td><td></td><td></td><td></td><td></td><td></td></tr>
<tr><td></td><td></td><td></td><td></td><td></td><td></td><td></td><td></td><td></td></tr>
<tr><td></td><td></td><td></td><td></td><td></td><td></td><td></td><td></td><td></td></tr>
<tr><td></td><td></td><td></td><td></td><td></td><td></td><td></td><td></td><td></td></tr>
<tr><td></td><td></td><td></td><td></td><td></td><td></td><td></td><td></td><td></td></tr>
<tr><td colspan="2">合计</td><td></td><td colspan="2">合计</td><td></td><td colspan="2">合计</td><td></td></tr>
</table>

<table>
<tr><td>人数合计</td><td></td><td rowspan="2">豪华标间</td><td>出租率（%）</td><td></td><td rowspan="2">豪华单间</td><td>出租率（%）</td><td></td><td rowspan="2">普通标间</td><td>出租率（%）</td><td></td></tr>
<tr><td>租金合计</td><td></td><td>平均房价</td><td></td><td>平均房价</td><td></td><td>平均房价</td><td></td></tr>
<tr><td>客房收入</td><td></td><td colspan="2">当日营业收入</td><td></td><td colspan="2">客房平均出租率（%）</td><td></td><td rowspan="2">备注</td><td colspan="2">客吧：　　元
赔偿：</td></tr>
<tr><td>其他收入</td><td></td><td colspan="2">当月营业收入累计</td><td></td><td colspan="2">平均房价</td><td></td><td colspan="2">餐厅费用：</td></tr>
</table>

随手札记

表1-13 团队预订单

预订号：

团队号		团队名称	
国　籍		城　　市	
人　数		陪同人数	
到店日期		离店日期	
1.预订房型/间数	/	房　　租	元/间晚
2.预订房型/间数	/	房　　租	元/间晚
3.预订房型/间数	/	房　　租	元/间晚
4.陪同房型/间数	/	房　　租	元/间晚

用餐标准				
	餐费	用餐时间	用餐人数	用餐地点
早餐	元/人			
午餐	元/人			
晚餐	元/人			
其他				
付款方式	□公付房费、早餐其他自理　□房费、早餐由旅行社离店前现付　□自付　□其他			
备注				

接待单位：＿＿＿＿＿＿＿＿　订房人：＿＿＿＿＿＿＿＿

电话：＿＿＿＿＿＿＿＿　预订员姓名：＿＿＿＿＿＿＿＿

酒店负责人确认：＿＿＿＿＿＿＿＿

电脑输入员：＿＿＿＿＿＿＿＿　日期：＿＿＿＿＿＿＿＿

信息确认

※团队名单：＿＿＿＿＿＿＿＿＿＿＿＿＿＿＿＿

※团队到店时间：＿＿＿＿＿＿＿＿＿＿＿＿＿＿＿＿

所示。

2.现金流量

酒店每日客房入住率、平均房价与餐饮就餐率、每客平均消费水平的高低等，决定了酒店现金流量的高低。

在连锁酒店经营中客房现金流与餐饮现金流，要占到全酒店每日现金流总收入的68%～78%。每月现金流要占到全店现金流收入的76%以上。酒店店长一定要牢牢盯住相关表格，掌握每日现金入账情况，做到“储银于仓，心中不慌”。

每日现金流的多少，也是衡量酒店经营状况的试金石。有良好而稳定的每日现金入账，是酒店保持正常经营、扩大发展、兑付涉外款项的坚定基础。现金流的收与支，也是酒店店长必须掌握的一门经营艺术。

3.成本支出

连锁酒店店长在抓好增收创收的同时，一定要有严格的成本意识。要清楚知道酒店每日经营成本是多少，每日人事费用支出、水电气能耗支出、固定资产折旧支出、每日正常经营费用支出、管理费用支出、营销费用支出等成本支出情况，以做好成本支出管理工作和成本费用控制工作。

特别提示：

店长要能掌控酒店成本支出、了解酒店每日成本支出变化情况，做到心中有数，就必须对相关财务报表非常清楚；同时也要让部门经理、员工明白，每日酒店正常经营需要多少成本费用支出，需要多少钱，才能确保正常经营，以树立全员成本费用控制和节约意识。

4.应收账款

连锁酒店经营贵在抓好效益的提升及收入的增加。作为连锁酒店店长，在做好每日收入的提高、现金流的收入与支出控制外，还应做好了解每日经营回款问题和应收账款的催收问题，应及时督导检查财务部、营销部、餐饮部等部门，做好会议客源、团队客源、政府部门、企事业单位等客人在酒店客房、餐饮、会议、娱乐消费挂账与欠款的及时催收回款工作。

同时对酒店租赁物业，如写字间、场租等每月房租费、水电费、物管费要及时收取，不要让这部分欠款长时间滞留在酒店之外，更要避免其成为呆账、死账、无法回收之账。

要加快酒店资金周转，就要抓好应收欠款的回流工作，重视应收账款的回收。这是连锁酒店店长必须重视与督导的一项管理工作。如表1-14所示。

5.应付账款

在做好酒店每日创收、抓好每日现金流及每日应收账款工作的基础上，连锁酒店店长还应严格做好每日应付账款的工作。“收入”与“支出”是酒店每日都要面临的经营状况。若“收”大于“支”，就有效益，有利润。若“支”大于“收”，就可能出现亏损，出现资金紧张、经营困难。

随手札记

表1-14　酒店应收账收回日报表

年　月　日　　　　　　　　第　页

账单号码	客人姓名	收入票据				协会奖金	收入现金	佣金	票据编号
		银行及账号	票据号码	日期	金额				

账务经理：　　　　　　　　主管：　　　　　　　　制表：

连锁酒店店长在每日审阅各种报账款项表格时，一定要注意轻重缓急，注意采购支出成本、每日餐饮采购成本以及其他成本费用的控制。在保持酒店正常经营的情况下，不要造成现金与资金紧张，更不能造成发不出工资、支付不出水电费、交不起税金的尴尬局面。

6.当日利润

酒店经营讲究市场最大化、客源最大化、收入最大化，更讲究利润最大化。考核酒店店长业绩的核心指标，也是看一年最后的利润指标完成情况。所以连锁酒店店长在抓经营创收过程中，一定要紧紧抓住每日收入与利润指标的完成。利润指标，每日完成了，每月完成了，每季达标了，才能确保每年利润指标的完成。酒店店长必须每日盯住收入指标、利润指标不放松，当日当月的任务、收入、利润必须当日当月完成，不能拖欠，否则全年任务的完成就十分困难。连锁酒店店长在日常经营管理工作中，一定要牢牢抓住这条线。

总之，酒店经营的核心目的是增收创收、市场与利润最大化。店长必须在每日的经营管理工作中，检查好以上这六个数据指标的每日表格。

（三）表单管理

1.分级归口管理

酒店常用表单必须在店长领导下实行分级归口管理，主要包括以下四个要求：

（1）表单要统一设计、统一审查、统一编号。

（2）内容要科学合理、简明易懂。

（3）数字要真实准确，项目含义和计算方法要符合统一规定，数字的来龙去脉要做到有据可查。

（4）根据业务分工将表单分别划归各业务部门、各岗位进行填写整理。

2.建立表单记录责任制

酒店各部门的表单从记录到检查核实，从保管到加工整理，都要有专人负责，形成一个系统的原始记录网。日常表单要求员工在工作进行过程中或工作结束时立即按规定填写，需汇总的表单一般要求在规定的时间进行填写，并按规定的流程及时传递。

3.加工整理表单，形成管理资料

表单记录的只是一种原始资料，必须进行加工整理，才能成为系统的管理资料，才能使表单发挥应有的作用。原始记录的整理一般分为三个阶段，如图1-8所示。

五、店内促销的作用与涉及的人事

店内促销是指酒店内部各个部门的职工，特别侧重于对客服务部门的员工，以其灵活、友好、热忱的服务态度和积极吸引客人消费的方法、技巧，来对客服

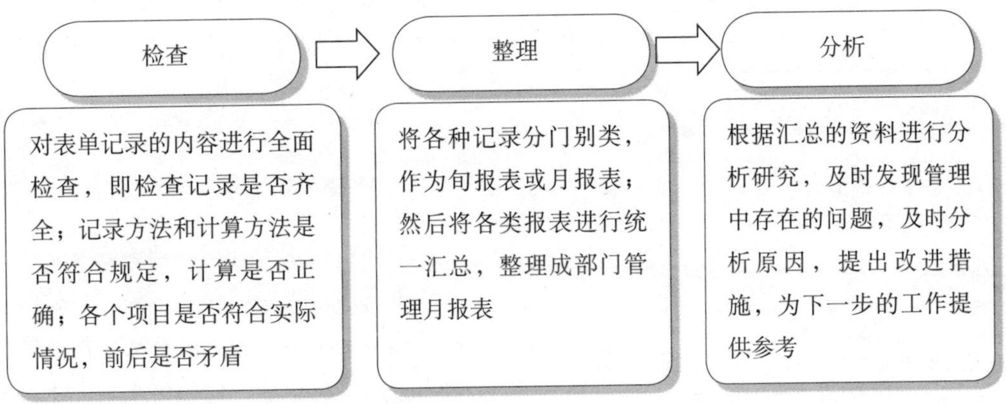

图1-8　原始记录的整理

随手札记

务，产生了良好效果，致使客人乐于在店消费，进而再度光临，再来酒店消费的各种有效工作的总和。

特别提示：

作为酒店店长，要非常重视店内促销工作，并在日常工作中督促所有员工按照各种促销方法贯彻执行。

（一）店内促销的作用

店内促销的作用如图1-9所示。

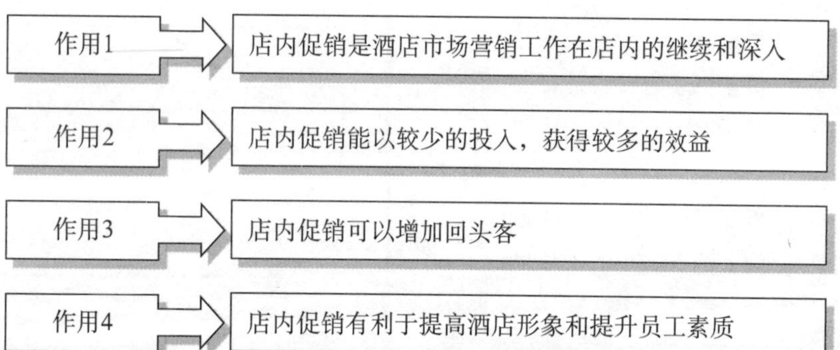

图1-9　店内促销的作用

1.店内促销是酒店市场营销工作在店内的继续和深入

店内促销是外部推销工作的基础和保证。注重酒店在日常的服务质量和服务环节上的协调配套，是店内促销的基础工作。增强酒店内部员工的促销意识，就可以保证营销部门组织的客源不致于流失。

2.店内促销能以较少的投入，获得较多的效益

一般来说，一家连锁酒店的营销部门，每年要花费整个酒店营业额的1.5%～3%，用于市场开拓、推销及宣传广告等公关工作事务上。

而店内促销不需要在资金上有什么投入和花费，它需要的是店内员工的热情服务、良好的态度和工作服务时的推销技巧。做好店内促销工作，是以较少的投入，获取较多收益的一项有意义的工作。店内促销工作关键问题，在于连锁酒店店长和各级管理人员对员工的培训教育工作。

特别提示：

特别是对那些整天与客人打交道的员工，要培训他们对客服务和对客推销的方法。员工具有服务热情和主动推销技能，无形之中就能给酒店增加营业收入。

3.店内促销可以增加回头客

重视店内促销的第一个关口，就是要注意总台员工接待服务的技巧。他们要想把当天的客房尽量多地销售出去，不讲究方法和技巧是做不到的。

如果酒店的总台员工仅是例行公事地接待客人，或者由于当天的情绪不好，或者是对房间的状况不熟悉，都很可能把到手的生意丢失掉。机灵的员工，他会在客人犹豫不决之际，巧妙地把客人挽留下来，再通过得体的推销介绍，使客人乐意住下来。

4.店内促销有利于提升酒店形象和提高员工素质

成功的店内促销，必然使酒店经济效益大增，员工的工作成绩得到了展示，员工的潜在能力、积极性、创造性也在店内促销中得到发挥和体现。

员工们看到了自己的劳动所获得的收获，就会产生一种自我价值实现的满足感。店内促销使得员工重视礼貌，热情主动服务，注重与客人之间的和谐、友善关系的建立，这对提高员工的职业素质，对创造店内良好的人际关系环境，都有促进作用。

要使所有来店的客人在酒店生活得愉快，使他们对酒店的各项服务，对酒店环境、对员工的态度以及对销售的各种产品都比较满意，进而令他们赞叹、令他们能留下美好的印象，最终令他们再次光临；并且一有机会，就介绍他们的朋友一起光顾，使得酒店的回头客大增，酒店店长就必须做好店内促销工作。

（二）店内促销涉及的人员和事务

1.人员

（1）连锁酒店店长和每位高级行政管理人员。

他们是店内促销的组织者和实施者。要经常关心，并身体力行实施店内促销工作。

（2）营销部的全体工作人员。

应该保持与客人的接触和联系，帮助客人解决在店期间的有关生活、服务、接待方面的问题。特别是由市场营销招来的团队客人和公司的商务客人以及会议团体客人，这些客人进店以后，店长还要督促销售主管对这些客人进行跟踪服务，经常走访客人，征求客人意见，解决客人的疑难问题，协调部门之间的关系等。

（3）酒店每位与客人直接接触的员

随手札记

工都是推销员。

如能充分发挥前台接待员、出纳员、餐厅服务员、行李员、商场营业员、客房服务员等所有与客人直接接触的前台工作人员在推销中的作用，那么酒店销售成果将成倍地增加。

2.部门

连锁酒店每个部门都是促销的主体，店长应经常开展抽查工作，检查各部门是否认真开展了促销工作。

（1）前厅与客房的内部促销。酒店前厅部所属的总机房、总台（问询、接待）、迎宾、门卫、机场代表等，都是内部促销的促销员。总机如何推销酒店；客人到了酒店的总台，接待员如何推销客房；迎宾、行李员如何引领客人、介绍情况等，都有一个如何积极、主动、有效地推销酒店的问题。客人住下来之后，会经常提出一些生活、服务方面的问题，请客房中心和楼层服务员帮助解决。服务员应答客人的态度和技巧都与内部促销有关。

（2）餐饮方面的内部促销。酒店餐饮服务的内容很多，要尽量使用酒店的所有场所。各餐厅的经理是最佳的推销员，应该经常地招呼客人，与来店用餐的客人保持良好的联系，将用餐客人的单位和姓名存入档案。平时经常与他们保持联系，都可以起到推销的作用。

（3）康乐方面的内部促销。酒店内的各种康乐设施是吸引客人来店消费的有利条件，也是酒店增加经济效益的重要方面。实施康乐活动会员制，是康乐活动内部促销的好形式。这需要康乐部各消费点的员工积极推销和平时的热忱服务。

（4）酒店其他方面的内部促销。

——组建员工业余艺术团。在客人来店举办重要活动和大型团队进店时进行演出，也是一种推销宣传。

——组织大型推销活动。如食品节和重大节日活动时，酒店组织的有特色的专题推销活动。在这些推销活动之前，要对员工进行适当的培训，使有关人员都能知晓酒店组织这些活动的内容、特色，以便适时适度地向客人进行推销。

——出租车业务推销。酒店的出租司机应做到以下几条：主动问候；尽可能为客人开车门；在行车途中，适当地与客人聊天，介绍当地情况；播放优雅的音乐；礼貌待客、规范着装、佩戴白手套；到了终点，客人付款之后，表示“谢谢，欢迎下次乘坐”等。

六、店内促销的相关工作和政策

（一）培训工作

连锁酒店员工是店内促销工作的最终体现。他们参与促销的效果好坏，取决于店长及酒店管理层的领导、指导、组织得好坏。另外，店长应安排营销部给酒店前台直接接触客人的员工出点子，培训他们如何进行店内推销。

促销培训的形式和方法有：

（1）开餐前，餐厅主管或领班对餐厅员工进行促销工作的提示、培训和要求。

（2）前厅部每周至少举行一次（约

半小时）培训会议，研究如何培训员工有效地推销高档套房的一些技巧、语言、做法等，供前厅接待员参考。

（3）店内开展的一些专门推销活动，如食品节等，要专门对员工进行推销方面的知识培训。

（4）酒店经营方向转变以后，要进行专门的培训。

（5）要培训员工如何关心、帮助、理解客人，怎样满足客人需要等方面的技巧和艺术等。

（二）质量管理

酒店的服务质量管理工作，是店内促销工作最坚实的基础。店长要加强全面质量管理的教育和培训。哪一个服务环节上出现质量问题，都会造成客人投诉，就容易导致客人的离店，而对酒店产生不良的影响。

（三）价格政策

酒店的价格政策和价格的起伏变动，对内部促销的影响至关重要。认真研究并制定好切实可行的价格政策，有利于酒店的推销和经营，有利于酒店效益的提高。

（1）多种价格。酒店客房推销，最好不要只用一个价格。定价可采用两种方法：一种是高价、低价各占20%，中间价占60%；另一种是高价、低价各占10%，次高、次低价各占20%，中间价占40%。

（2）灵活价格。店长要根据市场供求的变化来浮动调整酒店价格。旺季时，客房紧张，房价可以上浮；而到了淡季，房间比较空的时候，要有一个特别推销的价格：房价可以打折扣，也可能要比标准房价低30%～40%，或者还可以包早餐，或包晚餐。当然，给一个特别的销售价格，往往会影响平均房价，这就要看时机、季节、房间数、住客率等因素。

（3）房价控制。房价管理不力，容易出现管理上的漏洞；房价控制过死，又会影响灵活，店长要根据酒店实际情况制订合理的房价。

随手札记

七、店内促销的方法

店内促销的方法如图1-10所示。

方法1	问候客人，叫出客人的名字
方法2	与客人保持联系，请求预定
方法3	熟悉掌握服务知识，提高客人回访率
方法4	特别促销和团体会议推销
方法5	其他促销手段和观念

图1-10　店内促销的方法

（一）问候客人，叫出客人的名字

酒店所有与客人接触的员工，都要养成主动问候客人的习惯，无论在酒店什么地方，见到客人都主动热情地问候。客人在店期间就总能保持愉悦的心情，这些都对店内促销有良好的影响。

（二）与客人保持联系，请求预定

（1）所有的前台服务员、行李员，在与客人非正式的谈话中，都可以请求客人预订。当客人离店时，内部推销工作所要做的是：感谢客人光临，请他们再次光顾。客人一旦答应，就立即为他们预订下一次的客房，还请求客人为酒店提意见。

特别提示：

宴会预订和餐厅服务员可以对用餐客人说："假如下次您想订餐，就请您打个电话，让我为您预订。"总台员工也可以这样说："如果贵公司有来自外地的客人，请介绍他们到我们酒店来住。"这些简单的请求预订，能很好地推销出酒店的产品。

（2）保持与客人的经常联系，就可以及时地推销出酒店的服务产品。酒店的各营业消费点，对在店消费（住宿、用餐、娱乐）过的客人，就经常保持与他们的联系。联系的方法多种多样，可以打个电话，或写封信，让客人知道，酒店是多么感谢他们在店消费。这对促销很有帮助。

（三）熟悉掌握服务知识，提高客人回访率

（1）为客人提供优先服务。

（2）使他们感到舒适。

（3）使客人感到酒店需要他们、欢迎他们。

（四）特别促销和团体会议推销

1.特别促销

连锁酒店店长要经常开展一些特别推销活动，以吸引各方面的客人来店消费。最重要的特点，是吸引一些特殊的客人，做一些有特殊价值的生意。在生意淡季能吸引到客人来店消费，有着特别的意义。

比如，酒店内的一些娱乐服务设施，可用作特别专项推销活动，如网球比赛、保龄球比赛、水上芭蕾游泳比赛、交谊舞比赛等，以此对社会各界宣传酒店娱乐服务，吸引更多的客人来店消费。再比如，酒店一年之中推出各时期的不同形式和内容的美食节，一改众多食客来店品尝菜肴时的老面孔，在客人比较清淡的时间里，推出酒吧的饮料半价收费，以此来吸引客人光临。

店内工作的开展，还可以组织外资企业主管、外事单位的负责人，成立一个俱乐部，鼓励激发俱乐部成员为酒店推销。他们为酒店带来的客人消费得越多，就给予越多的奖励。酒店要经常与他们保持联系，每月定期发给他们酒店经营工作通讯，使他们了解酒店内的各项推销工作和有关情况，这也是促销工作的一种好方法。

值得注意的是：酒店在进行特别推销，开放新的服务设施或项目时，最重要的必须制订一个详细的、明确的促销计划，来宣传和推销这些新开设的服务设施和项目，以此吸引潜在的客源。

2.团体会议推销

在淡季，酒店要特别计划做好团体会议的推销工作。因为，这些团体会议的出席者，每个人都可能是一个零星客，如果他们感到满意，他个人还会再来酒店，并为酒店做宣传。团体客房销售可以提高淡季出租率，它本身还是推销其他业务的一次极好的机会。因此，淡季做好团体会议推销，提供优质的团体会议的接待服务，是很有意义的。

（五）其他促销手段和观念

1.广告宣传工作推销

连锁酒店内部促销，必须重视内部的广告、告示宣传，使进入酒店的客人，立刻就知道酒店近期有什么推销活动、有什么新项目、新的消费内容等等。酒店大厅内有专门的告示栏、告示牌，来告示酒店的日常推销活动，告知客人这些推销活动的内容、时间、地点、特色、特点等。

这种告示要具有推销功能，引导客人去尝试去消费。所以，告示宣传要有图

随手札记

案和色彩的搭配，要具有吸引力和促销功能。此外，在酒店的每个房间里放一张告示，告知住店客人酒店近期要组织安排的各类推销活动情况，都是一种有效的内部促销。

2.努力使酒店的每平方米都能生财

将一些比较好的闲置场所改作消费营业点。如果会议室太多，利用率不高，就要改作他用；有些消费点设置之后，很少有客人光顾，就要考虑它的实用性。有些场所能赚钱，就不能让它作为行政办公室。

3.多推销多奖励

酒店要大力宣传并奖励一些推销工作做得好、促销成绩显著、为酒店多创收的员工。有此激励机制，就更能激励、调动酒店全体员工积极为酒店多促销、多创收的主动性、积极性和创造性。

八、客人投诉处理

连锁酒店每天都有大量客人进出，投诉状况可能每天都会发生，因此，处理好客人投诉是酒店店长每日的重点工作。

客人对服务的需求是多种多样、千差万别的，不管酒店的档次有多高，设备设施有多么先进、完善，都不可能百分之百地使所有客人满意。

投诉并不可怕，关键在于酒店要善于应对，要能够把投诉的消极面转化成积极面，通过处理投诉来促使自己不断提高服务质量，以防止类似投诉再次发生。同时在应对一次次的投诉中，酒店也可以不断地积累经验，就算同类事件再次发生，也能妥善应付。

特别提示：

不论是什么投诉，最终都可能反馈到酒店店长这里，因为他是酒店的最高负责人，是投诉问题的最终解决者。因此，店长要对客人投诉的各种原因及投诉类型非常了解，以便问题到自己这里时能妥善处理。

（一）客人投诉的原因

客人不会无缘无故地投诉酒店，其中必有原因，如图1-11所示。

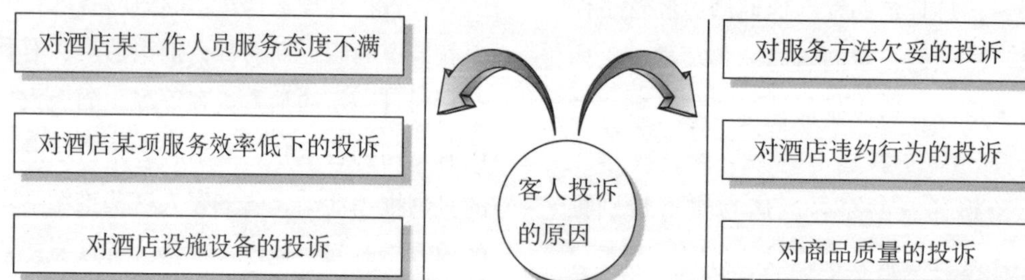

图1-11　客人投诉的原因

1.对酒店某工作人员服务态度不满

对酒店员工服务态度优劣的甄别评定，虽然根据不同消费经验、不同个性、不同心境的客人对服务态度的敏感度不同，有些对服务水平很敏感的客人往往以服务态度欠佳作为投诉内容，具体表现为：

（1）员工待客不主动，给客人以被冷落、怠慢的感受。

（2）员工待客不热情，表情生硬、呆滞甚至冷淡，言语不亲切。

（3）员工缺乏修养，动作、语言粗俗，无礼，挖苦、嘲笑、辱骂客人。

（4）员工在大庭广众之中态度咄咄逼人，使客人感到难堪。

（5）员工无根据地乱怀疑客人行为不轨。

2.对酒店某项服务效率低下的投诉

如果说以上投诉是针对具体员工的，那么，以下内容的投诉则往往是针对具体的事件而言的。如餐厅上菜、结账速度太慢；前台入住登记手续烦琐，客人等候时间太长；邮件迟迟未送达，耽误客人大事等。在这方面进行投诉的客人有的是急性子，有的是要事在身，有的确因酒店服务效率低而蒙受经济损失，有的因心境不佳而借题发挥。

3.对酒店设施设备的投诉

因酒店设施设备使用不正常、不配套、服务项目不完善而让客人感觉不便也是客人投诉的主要内容。如客房空调控制、排水系统失灵，会议室未能配备所需的设备等。

4.对服务方法欠妥的投诉

因服务方法欠妥，而对客人造成伤害，或使客人蒙受损失。如夜间大堂地面打蜡时不设护栏或标志，以致客人摔倒；客人延期住宿总台催交房费时客人理解为员工暗指他意在逃账；因与客人意外碰撞而烫伤客人等。

5.对酒店违约行为的投诉

当客人发现，酒店曾经作出的承诺未能兑现，或货不对板时，会产生被欺骗、被愚弄、不公平的愤怒心情。如酒店未实

随手札记

践给予优惠的承诺，某项酒店接受的委托代办服务未能按要求完成或过时不复等。

6.对商品质量的投诉

酒店出售的商品主要表现为客房和食品。客房有异味，寝具、食具、食品不洁，食品未熟、变质，酒水中有假冒伪劣品等，均可能引起投诉。

特别提示：

员工行为不检、违反有关规定（如向客人索要小费）；损坏、遗失客人物品；员工不熟悉业务，一问三不知；客人对价格有争议；对周围环境、治安保卫工作不满意；对管理人员的投诉处理有异议等。

（二）客人投诉的类型

酒店可能每天都要面对各种投诉，这些投诉可能有许多共同点。酒店店长应指导各部门经理将客人的这些投诉进行分类总结，以便灵活应对，如表1-15所示。

表1-15 客人投诉类型

序号	投诉类型	内容
1	批评性投诉	客人心怀不满，但情绪相对平静，只是把这种不满告诉投诉对象，不一定要对方作出什么承诺
2	建设性投诉	客人一般不是在心情不佳的情况下投诉的，恰恰相反，这种投诉很可能是随着对酒店的赞誉而发生的
3	失望型投诉	客人事先预约的服务项目，由于酒店员工的粗心大意而耽误了，这种情况会引起客人的失望与恼火。处理这类投诉的有效方法是尽快使客人消气，并立即采取必要的补救措施
4	理智型投诉	当客人受到冷落或不礼貌的待遇后，会产生不满的情绪，但是不会因此而动怒。理智型投诉是客人在比较冷静的情况下提出的投诉，一般都是较为合理的要求。该类客人比较通情达理，只要酒店立即采取改进措施，就会得到他们的谅解。但若处理不当，客人就可能会要求酒店赔偿，使事态扩大
5	补偿型投诉	提出补偿型投诉的客人觉得自己的利益受到了损害，言辞较为激烈，其注意力并不集中在酒店是否能够给予合理的解释，而是希望得到实质性的补偿

（三）客人投诉处理流程

为了使所有的客人投诉处理有条不紊地进行，店长有必要制定一套投诉处理流程，让所有酒店员工清楚了解，并在日常培训工作中进行重点培训。下例是××连锁酒店店长制定的客人投诉处理流程，仅供参考。

范例 04

××连锁酒店客人投诉、抱怨的处理流程

一、目的

为了及时化解客人的投诉、抱怨，把客人的不满化解在客人消费结束或离店之前，最大限度地维护酒店声誉，特制定本规定。

二、客人投诉、抱怨的定义

客人以口头、书面、电话等形式提出或让他人转告，对酒店向客人所提供的食品、饮品、用品、设备设施及员工在对客服务中或在沟通方面出现的问题，以及客人没有受到欢迎、重视、尊重等方面的情况，特别是给客人精神上、身体上、物质上带来伤害和损失的事件。

三、处理客人投诉、抱怨的流程

1.凡是酒店员工，不论在店内还是店外，听到、看到客人对酒店有投诉、抱怨时，无论是否属于本岗位和本部门过错引起的，都要首先向客人行90°道歉礼并道歉，同时迅速反馈至本部门上级（如果不属于本部门业务范畴的，可以马上告诉业务对口部门的管理人员或本部门上级），2分钟内找不到本部门上级时，要直接反馈到酒店信息反馈部直至店长（每日22:00～次日8:00或可拨打酒店总机反馈到酒店值班经理）。在反馈的过程中，必须在现场做好对客服务，直到上级到达时方可离开现场（如在店外，可留取客人的联系方式以便交信息反馈部处理）。

2.各级管理人员，包括主管、经理和店长，在接到下级关于客人投诉、抱怨的反馈后，必须在3分钟内赶到现场。赶到现场后，要首先向客人行90°道歉礼，以表示道歉。

3.向客人鞠躬道歉后，要耐心倾听客人的投诉、抱怨，必须把客人投诉、抱怨事件的由来落实得清清楚楚。倾听时要全神贯注，不可分心，必要时要当着客人面记好要点；原则上客人坐着我们站着，在非坐不可的条件下（如：请客人到某一点或客人要求坐下时），即使坐着也只能坐椅子的1/3，并要躬身倾听。

随手札记

4.凡是管理人员在自己权限内可以处理，并且能够保证使客人满意的，可以自己来处理。

5.管理人员在向上级报告客人投诉、抱怨时，必须落实清楚客人投诉、抱怨的具体缘由，客人的感受，客人的期许条件，并提出自己的处理意见。绝不可以自己本人不到现场、不见客人、不与客人沟通、不落实情况、未弄清客人抱怨的事由及过程就汇报，更不可以不汇报。

6.处理客人投诉、抱怨时，虽处理但没取得客人满意结果的，或感觉到客人的要求超过自己的权限时以及认为自己没有把握处理好的，必须在2分钟内马上用对讲机或电话向上级汇报，听取上级的处理意见（注意：不可当着客人面直接呼叫或拨打电话请示汇报）。

7.对自己处理且最终取得客人满意结果的，则在客人消费结束前或离店前向上级反馈报告，听取上级是否还有使客人惊喜甚至感动的方法。

8.凡由店长指定安排前往处理客人投诉、抱怨的负责人，必须按店长指示认真处理，并随时汇报处理结果；处理不好或超出权限的，必须立即向店长请示。经过处理取得好结果的，也要在处理完毕后十分钟内向店长汇报处理经过及结果。下级确实无法处理或投诉人身份较重要，由店长出面解决。

9.客人投诉、抱怨的事件未能及时整改处理，但客人已经离店或整改需要时间完成的都需上报酒店，由质检部以书面等形式向客人做出致歉、致谢答复及整改处理的结果。

四、管理人员处理客人投诉、抱怨需注意事项

1.要按火灾处理原则，火速到达现场，不能有丝毫怠慢，快步赶到现场，要给客人以焦急、重视的感觉，见到客人后要首先行90°的道歉礼，表情、眼神要表达出凝重关注。

2.要换位思考，站在客人的立场考虑问题，要和客人有同样的感受，把客人当成自己的朋友、家人、亲人一样对待，相信客人所提的意见、抱怨都是正确的，客人的讲述、感受都是真实的，客人的要求都是合理的；千万不可以偏听偏信员工和下级对于客人投诉、抱怨的描述和评价。

3.在与客人沟通时，一定要先给客人以精神上的满足，让客人明白，我们是以诚恳的态度来向他（她）道歉的，要让客人感觉到受尊重，千万不能让客人感觉到他（她）的投诉是在向酒店要什么好处。如果我们给客人精神上、身体上、物质上带来了损失要赔偿时，规范用语为“×××先生/女士，我们知道无论用什么办法也无法弥补我们给您造成的不便和损失，但为了表示我们的诚意，您看我们用这种方法可以吗……”客人执意不要的时候，要讲“无论如何请您给我们一次表达诚意的机会”。

4.在处理客人投诉、抱怨过程中，仅允许接听上级亲自布置或通过相关人员转达的与处理此投诉相关的电话或其他相关事宜，其他无关的电话或事情，一律不可以接听或处理（电话接通后，确认是无关

事宜的直接讲抱歉然后挂断电话），但对讲机或手机绝对不可以关机。在处理客人投诉、抱怨过程中，客人对酒店的处理不满意或有其他要求的，要随时向店长汇报，并根据店长指示处理。

5.处理客人投诉、抱怨的场所要注意尽量避免人流较多的地方（如大堂、餐饮大厅等），避免造成较多客人的围观。当有上级来负责处理客人投诉、抱怨时，非相关工作人员不得围观，应立刻回到本职岗位。

特别提示：

当处理客人投诉、抱怨完毕，客人将去其他部门消费时，应将客人送达到所要去的部门，并将此客人信息传递到其他部门以利于展开针对性的个性化服务。如客人离开消费场所或离店时处理投诉的负责人及相关管理人员要亲自到场感谢送别。

（四）投诉处理记录

在客人投诉、抱怨处理完毕后，要做好记录工作，将每个客人的具体投诉内容和酒店的处理意见记下来，如表1–16所示。这样可以有效积累经验，为以后遇到同类型的投诉处理提供参考。店长应经常抽查这些记录表，查看投诉是否处理得当，如发现不妥，要及时提出整改意见。

九、突发事件应急处理

在连锁酒店管理的日常工作中，有些隐患是不易被提前预判的，也就很难在事先加以防范。因此突发事件和危机的发生也就在所难免。但事件发生了，如果店长能够及时而有效地进行处理，也可以大大减少事件造成的危害程度。

在酒店管理中的突发事件包括自然灾害如台风、暴雨等，店长可以按照灾害性质与严重性程度分类，做好相应处理工作。

随手札记

表1-16 宾客投诉、抱怨处理记录表

编号：　　　　　　　　　　　　　　　　　　填写日期：

<table>
<tr><td colspan="5">接收人/部门：</td><td colspan="2">类别：投诉□　建议□</td></tr>
<tr><td>宾客姓名</td><td></td><td>房间号</td><td></td><td>联系电话</td><td colspan="2"></td></tr>
<tr><td colspan="7">投诉/抱怨内容：

记录人：　　　　年　月　日</td></tr>
<tr><td colspan="3">投诉/抱怨受理人处理措施：

签　名：　　年　月　日</td><td colspan="4">投诉/抱怨责任部门处理措施：

签　名：　　年　月　日</td></tr>
<tr><td colspan="3">投诉/抱怨责任部门经理(授权人)意见：

签　名：　　年　月　日</td><td colspan="4">总经理助理（授权人）意见（公司本部接收投诉、重大投诉/热点投诉时需签意见）：

签　名：　　年　月　日</td></tr>
</table>

（一）认识酒店突发事件

1.按性质分类

连锁酒店管理中常见突发事件按性质分类，如表1-17所示。

2.按严重性程度分类

店长也可根据突发事件的严重性程度将其按级别分类，如表1-18所示。

（二）建立突发事件指挥机构

突发事件指挥机构一般分二级：店级指挥机构和保安部指挥机构。店长要规定指挥机构的领导成员及其职责范围，要明确无论什么时候发生突发事件，指挥机构都能在自己的管辖范围内作出决策。当突发事件危害酒店全局利益时，店级指挥机构负责指挥和协调，应调动全酒店的安全保卫力量和各部门人员按预案程序采取行动。保安部指挥机构除积极配合店级指挥机构工作外，主要负责某一个部门发生的一般突发事件的处理。

表1-17　按突发事件性质分类

序号	类别	内容
1	自然灾害	主要包括台风、暴雨等气象灾害；火山、地震、泥石流等地质灾害
2	事故灾害	主要包括酒店里发生的重大安全事故，如交通事故，以及影响酒店正常管理与服务的其他事故，如环境污染
3	公共卫生事故	要包括突发的可能造成社会公众健康损害的重大传染病、传染性典型肺炎等疫情，以及群体性不明原因疾病、重大食物中毒，以及其他影响公共健康的事件
4	突发社会安全事件	突发社会安全事件主要包括重大刑事案件、恐怖事件、经济安全事件以及群体性事件

表1-18　按突发事件的严重性程度分类

序号	事件级别	内容
1	一级	酒店管理区域内发生爆炸、火灾、水患及自然灾害等造成人员伤亡或房屋危险事件；房屋或设施设备发生安全隐患，并在4小时内难以排险，严重影响客人安全使用的事件
2	二级	酒店管理区域内发生整幢楼断水、断电、断气等事故，在6小时内难以解决的；楼内电梯运行发生困人事故，专业维修人员到现场在30分钟内难以处置的；整幢楼发生水箱二次供水污染事故
3	三级	酒店管理区域内发生设施设备或客人重大财产被盗，造成万元以上损失等案件
4	四级	酒店管理区域内的管理人员发生工伤事故、酒店或职工财产被盗等事件

随手札记

（三）制订突发事件应急预案

突发事件因其具备突然的特性，店长每日都必须有应对突发事件的警醒心态。同时，作为连锁酒店的最高负责人，店长在平时就要识别出酒店有哪些常见的突发事件，并且就这些突发事件制订应急预案。因为，突发事件的处理有时候涉及整个酒店，甚至必须调动各个部门的人员，所以，应急预案的制订与演练必不可少。

范例05

××连锁酒店突发事件应急预案

一、建立突发事件应急处理小组

组长：店长。

副组长：副店长。

成员：总经办、财务部经理、保安部经理、前厅经理、餐饮经理、客房部经理、营销部经理。

发生突发事件，在处理小组成员到达之前，由当值经理负责处理。

二、各种突发事件应急措施

1.抢劫案件应急措施

（1）当酒店发生抢劫案件时，如劫匪持有武器（指枪械），在场员工应避免与匪徒发生正面冲突，保持镇静，并观察匪徒的面貌、身型、衣着、发型及口音等任何特征。如劫匪未持有武器且有足够人手可以制服匪徒时，则等待适当机会将之擒获交与警方，但决不可草率从事以免造成不必要的伤亡。如监控中心工作人员发现酒店内发生劫案应立即告知部门经理或值班经理，并按指示向110报警。

（2）如劫匪乘车逃离现场，应记下其车牌号码、颜色、车款或牌子等，并记清人数。

（3）保护好现场。劫匪遗留的凶器、作案工具等不要用手触摸。划出警戒范围，不要让无关人员进入现场。

（4）如现场在交通要道、公共场所等人多拥挤处无法将劫匪留下的证物留在原处的，应一一收拾起来用塑料袋装好，交给警方处理。

（5）访问目击群众，收集发生劫案的情况，提供给公安机关。同时，公安人员未勘查现场或未处理完毕之前，相关人员不要离开。

（6）在场人员不可向媒体或无关人员透露任何消息，不准拍摄照片。

（7）如有伤者，要立即送往医院救治，并报告公安机关。

2.绑架人质案件应急措施

（1）当酒店客房发生人质绑架案件时，楼层服务人员应立即向部门经理、值班经理和保安部报告。

（2）接报后应急处理小组可在事发楼层设立指挥部，并在第一时间报警。

（3）在警方到达之前应封锁消息，严禁向无关人员透露现场情况，以免引起客人惊慌和群众围观，导致劫匪铤而走险，危害人质安全。

（4）尽量满足劫匪的一些合理要求，如送水、送食物，以稳定劫匪的情绪。

（5）保安、设备人员在附近待命，以便配合公安人员的行动，并划出警戒范围。同时疏散劫匪所在房间上下、左右房的客人，以防劫匪带有爆炸危险物品。

（6）及时收集、准备好客房的登记入住、监控录像、工程图纸等资料，提供给警方。

3.斗殴案件应急措施

（1）当酒店内发生斗殴事件时，应立即制止劝阻及劝散围观人群。

（2）如双方不听制止，事态继续发展，场面难以控制时，应迅速报告公安机关及知会酒店相关部门人员。保安员应迅速到场戒备，防止损坏酒店物品。

（3）如酒店物品有损坏，则应将斗殴者截留，要求赔偿。如有伤者则予以急救后交警方处理。现场须保持原状以便警方勘查，并协助警方辨认滋事者。

（4）如斗殴者乘车逃离，应记下车牌号码、颜色、车型及人数等特征。

（5）协助警方勘查打斗现场，收缴各种打架斗殴工具。

4.食物中毒事件应急措施

在酒店如发现任何人士有中毒情形，无论是误服或故意服毒，除立即报警外，还需采取以下措施：

（1）拨打急救中心电话“120”呼救，如医务人员没有及时赶来，中毒者有生命危险，要将中毒者送附近医院抢救，并通知中毒者的单位或亲友。

（2）保护中毒者所在现场，不要让任何人触摸有毒或可疑有毒的物品（如：药物、容器、饮品及食物、呕吐物等）。

（3）安排好车位以便警车和救护车到达及离开时用。

（4）将中毒者之私人物品登记交予警方。

（5）防止闲杂人员围观。

（6）将有关资料（包括警车、救护车到达及离开的时间、警方负责人姓名等资料）登记备案。

（7）发现投毒者或可疑人员，立即扣留，交警方处理。

5.台风应急措施

（1）各工作岗位人员应坚守岗位，未经允许或接替决不可离岗。

（2）工程部应对天棚、墙外装饰、招牌等进行检查，必要时给予加固。应做好电力设备的保障工作，防止因台风引起线路故障或电击伤人事故。要确保下水道

随手札记

畅通，避免引致水浸。

（3）保安员要留意和指导车辆停放，避免被吹落物砸坏。同时要加强警戒，防止不法人员趁机作案。

6.发生爆炸物（恐吓电话）应急措施

（1）任何人接到炸弹威胁电话，都应听清来电者的背景声音，以猜测来电者的位置。

（2）假装听不清电话、拖延来电者占线时间以尽量获得更多的信息，并做详细记录。

（3）如来电者同意，可将电话转给店长或值班经理，同时通知保安迅速采取行动。

（4）如果来电说完就挂断电话，则立即通知值班经理和酒店店长，以便采取进一步行动和对策，如有录音设备要及时对通话进行录音。

（5）对电话内容绝对保密，并立即通知店长、值班经理。

（6）店长、值班经理接警后应及时向公安机关报告，并召集应急处理小组人员进行磋商。

（7）应急处理小组应对事件进行评估并决定是否需要组织人员对炸弹进行搜索。

（8）通知警方，为了避免人群聚集及防止肇事者在公共场所散布不满和制造恐慌，须迅速派出便衣保安人员到公共场所戒备，同时派出穿制服的保安员进行外围警戒。

（9）警方到达现场并开展搜查时，保安部应通知相关部门经理，以配合警方行动。

7.酒店客人轻度伤害应急措施

客人入住酒店，在住店期间，难免有一些磕磕碰碰，受到不同程度的伤害，为了保障客人的正常生活，让客人在受到伤害后，能够感受到家的温暖，根据酒店情况，分为两种情况处理。

客人在外部（如下雨、卫生间地面湿滑、洗澡间水温失衡、地毯不平等）条件影响下，滑倒、摔跤、烫伤、割伤等，对身体部分造成轻度伤害。

（1）酒店客人在酒店范围内受到轻度伤害时。

（2）保安部当班主管立即协同大堂副理到场查看客人伤势情况并安抚客人，第一时间通知总经办。

（3）总经办接报后，立即联系医务人员到场为客人进行医疗处理。根据客人伤势情况，由医务人员向伤者提出合理化建议，如需到医院治疗，由前厅部大堂副理安排专人陪同客人前往。如在夜间，由前厅部派人陪同客人打车前往医院治疗。

（4）根据情况需要，由大堂副理安排餐饮部为客人送果盘一份。

（5）如确认客人在酒店区域内受到轻度伤害，由财务部对客人伤势作适当评估，上报管理层，并协助客人向保险公司索赔。

（6）客房部负责对现场进行清理。

（7）工程部安排人员检查客人受伤区域的相关设备，对故障设备予以维修。

（8）相关部门做好事后跟进工作。

8.酒店客人重度伤害应急措施

客人在外部（如下雨、卫生间地面湿滑、洗澡间水温失衡等）条件影响下，滑倒、摔倒、烫伤、割伤等，对身体部分造成重度伤害。

（1）酒店客人在酒店范围内受到重度伤害时。

（2）保安部当班主管立即协同大堂副理到场查看客人伤势情况并安抚客人。

（3）根据客人伤势情况：如客人伤势非常严重，由大堂副理立即利用急救箱到场为客人进行简单医疗处理，并通知店长，同时拨打“120”，由医院派车将客人接到医院治疗。

（4）由餐饮部负责配餐，安排专人送餐。

（5）客房部负责现场的清理工作。

（6）工程部安排人员对客人受伤区域的相关设备进行检查，对有故障的设备予以维修。

（7）大堂副理及时向酒店店长汇报客人伤势情况及处理方法，由酒店店长安排人员负责到医院看望伤者，向客人解释原因，并安抚客人。

（8）如确认客人在酒店区域内受到重度伤害，由财务部对客人伤势作适当评估，上报店长，并协助客人向保险公司索赔。

（9）相关部门做好事后跟进工作。

9.酒店客人突发死亡处理程序

酒店员工在日常工作中遇到客人突然死亡事件时，为了避免惊扰其他客人，维护酒店的利益，减少不必要的麻烦。店长要指导各部门遇到此类事件发生时的处理程序。

处理程序：

（1）员工在日常工作中遇到此类事件发生后，第一时间通知当班管理人员和保安部，由保安部通知酒店店长，当事员工必须做好保密工作。

（2）酒店管理层赶到现场后，由店长指挥，报告当地派出所介入案件调查。

（3）保安部接报后，由当班主管带队，在不影响周边客人的情况下，带领待命队员做好封锁和保护现场的工作，消防中心人员迅速查找现场区域的录像资料，并备份保存。

（4）大堂副理接报后，应第一时间向保安部提供门锁记录并及时提取死亡客人的各项资料，以及相关客人和相应楼层

随手札记

客人的资料，并由保安部安排专人接待警方介入调查工作。

（5）如死亡客人是酒店协议公司的客人，营销部应与该公司负责人联系，邀请该公司负责人到酒店协助调查。

（6）营销部协助财务部联系死亡客人家属，由财务部协助死者家属向有关部门索赔。

（7）客房部配合前厅部负责向警方提供相应楼层的办案客房。

（8）通过警方调查，如属自然死亡，由警方鉴定完毕后，同意将死者尸体转移到殡仪馆，由大堂副理通知当地殡仪馆工作人员到场处理，保安部当班主管负责安排待命队员控制消防电梯，由（酒店员工电梯）将死者尸体运出。

（9）如属他杀，警方立案后，保安部全面协助警方调查，将所有涉案材料提交警方，并随时与警方保持联系，直到破案为止（死者尸体处理方法与上相同）。

（10）事件处理完毕后，保安部要在当天写出书面报告上交酒店店长，并把有关材料存档备查。

善后工作：

（1）大堂副理负责与死者家属保持联系，跟进相关事宜。如死者为外国客人，由公安机关外事办负责处理相关事宜，酒店管理层安排前厅部接待死者家属。如属他杀，警方破案后，由大堂副理通知死者家属。

（2）客房部负责对死者所住房间进行多次消毒和整理，更换部分家具及用具，保存死者物品，等待死者家属领取。如属他杀，警方立案后，保安部应向警方询问调查结果，警方破案后，保安部写出书面报告上交酒店店长，并将有关材料备档。

（3）在接受媒体咨询时，其发布信息的内容必须经过酒店店长批准，其他部门及员工不得透露任何相关信息。

10.酒店报失处理程序

为了保障客人及员工的财产安全，维护酒店的形象和利益，通过规范的程序，指导保安部当班主管和大堂副理处理报失事件的行为。

（1）保安部接到报失后，立即通知大堂副理和值班保安主管联合展开调查，调查以保安部为主，大堂副理配合。

（2）详细了解并记录失主姓名、房号、国籍、地址、联系方式、丢失财物名称（包括物品的品牌、型号、价值、新旧程度；钞票的种类及面额等相应特征）、最后一次见到物品的时间、丢失的经过，并请失主对丢失物品签字确认。

（3）调查时应提醒失主回忆来店前后的情况，比如来店前有无查看过、来店后有无放错地方。确认失主物品放置的确切位置，征得客人同意后，可在相关区域查找丢失物品，对相关员工进行调查询问。

（4）确认客人物品是否在酒店范围内丢失，如客人丢失的是信用卡、旅行支票、文件等有价单据和资料，协助客人及时通知银行等有关部门；如客人丢失的是护照、身份证等证件，派人陪同客人到辖区派出所和市公安局外事科报案，办理相关手续。

（5）对客人的任何报失，都应该征询客人意见是否同意报案，如同意，保安部派人陪同前往报案；如客人物品在酒店范围以外丢失，由保安部开具相应的证明，让失主本人到公安机关报案。

（6）确认案件成立，且案情严重，立即报告公安机关处理，同时保护好现场。在内部调查时，与案件有关人员不得离开酒店，派人检查与案件有关的人员的工作区域和更衣柜。如有关人员已经离开酒店，应派人立即找回进行调查。如是内部员工作案的，应首先对其进行控制，禁止其与外界联系。请示酒店店长，做好报案材料，送交公安机关处理。

（7）如客人物品在酒店范围内丢失而未被找回，财务部协助客人对丢失物品作适当评估，并向有关部门索赔。

（8）如客人的物品被找回，要认真履行认领手续，必须要客人本人或代理人在失物清单上签字，留下证件复印件，方可领回。

（9）事件处理完毕后（不论丢失物品有无下落），保安部要在当天写出事件报告上交酒店店长，并把有关材料存档备查。

（四）突发事件处理后的总结与演练

每一次突发事件处理后，店长都要组织各部门经理、主管有意识地进行总结，分析发生的原因、处理的经过及结果，并形成记录，最好是能整理出来，作为案例对员工进行培训，以降低同类事情的发生率，减少酒店损失从而维护酒店和客人的权益，并减轻自己的工作压力。

为了使上述这些措施在事件发生时能发挥作用，店长应制订演练预案，经常组织各部门进行演练，以便事件发生时，能应付自如。

随手札记

一日工作安排与落实
一周工作安排与落实
月度工作安排与落实
季度工作安排与落实
年度工作安排与落实

管理心得

每天工作结束后，连锁酒店店长可以对自己工作进行一个简单的总结。其实也就是一个简单的个人工作日志。

我的日管理心得

已办事项	
未办事项	
待办事项	
今日管理心理	

第二章

一周工作安排与落实

新的一周又开始了，该怎样来做好这一周的工作呢？仔细想想，本周有哪些主要工作：要举行部门经理周例会；要对酒店运营情况进行总结分析；需要抓紧应收账款的回收工作……

惨啦！事情这么多，怎样才能理清呢？仔细看看，哪些必须在第一时间内完成，哪些可以稍微往后延……

如果你每周都处于这种忙碌状态，那就要做好一周工作安排与落实。通过本章学习，相信你一定可以远离这种状态，从而让工作更加有条理，更加轻松愉快！

一、制订一周工作计划

（一）每周时间分析

连锁酒店店长可以从周一到周五，连续进行工作（活动）分项分析，将其统计结果分别填入表2-1。误差就是实际用时与计划用时之差，无计划的工作事项，计划用时则计为零。

表2-1　每周时间分析表

时间 活动	计划用时							实际用时							误差
	周一	周二	周三	周四	周五	总计	排序	周一	周二	周三	周四	周五	总计	排序	
举行部门经理周例会															
到酒店各部门巡视															
给VIP客人打电话															
查看去年同期客房销售情况															
组织开展市场营销活动															
起草酒店消防安全管理计划															
听取各部门主管汇报工作															
接待VIP客户															
参加社区社会活动															
……															
总计															

特别提示：

对于每一周的工作事项，你可以参照第一章中一日计划里对工作事项的相关分析，将工作按照紧急重要性进行安排，确保完成重要工作。

（二）制订工作计划

有些工作要周一做，有些工作要周二做，那么店长如何安排一周的工作时间呢？可以制订一个周计划表，对一周时间进行合理分配。表2-2是××连锁酒店店长的周工作计划表。

表2-2　周工作计划

序号	工作内容	阶段目标	目标完成时间							责任人
			周一	周二	周三	周四	周五	周六	周日	
1	拜访酒店周边企业客户	拜访与酒店有业务关系的企业客户	○	○						
		拜访与酒店无业务关系的企业客户	○	○	○					
2	检查工程部设备维修情况	检查厨房设备维修情况				○	○			
		检查客房设备维修情况						○		
3	酒店部门主管培训工作	管理技能培训	○	○	○	○				
		外语培训	○	○	○	○	○	○	○	

范例 06

××连锁酒店店长的一周工作计划

一、接待工作

1.主要接待市地税、人大、政府办等协议单位的用餐工作。

2.接待××市两个大型旅游团。

3.接待××集团董事长一行。

二、客户拜访工作

1.拜访××报社总编辑，商谈购买广告事宜。

2.拜访××海产公司，协商海产品供

随手札记

应问题。

三、设备维修工作

1.前厅部商务中心网络中断，严重影响工作，本店工程部不能解决，需向总公司申请技术人员前来解决。

2.预订的五台洗碗机将到，需提醒餐饮经理注意接收。

二、主持部门经理周例会

部门经理周例会一般定为每周一上午召开。各部门负责人参加，店长主持。店长不在时由酒店值班经理主持召开。会议除了回顾本周工作、安排下周工作以外，有时候还要研究一些专门的问题，研究企业经营发展方面的规划、各部门在本周内提交店长要研究答复的问题，以及酒店高级行政管理人员考虑到的问题。

（一）建立周例会管理制度

周例会是连锁酒店店长了解酒店各部门每周运营状况的重要方式，为了使会议圆满完成任务，作为连锁酒店最高负责人的店长很有必要制定一套部门经理周例会管理制度，以对周例会进行有效规范。

范例 07

××连锁酒店周例会管理制度

为提高酒店的整体工作效率，使酒店各部门的信息充分共享，特制定此会议制度，具体内容如下：

一、会议时间

每周召开一次，每周一上午8时10分举行，因特殊原因需更改会议时间的，由店长办公室另行通知。

二、会议地点

会议地点为酒店十楼小会议室，如遇特殊情况，由店长办公室另行通知。

三、参会人员

酒店各部门领班以上（含领班）管理人员，因故不能参加会议的，应提前向店长办公室请假。

四、会议流程

1.会议主持人对人员到会情况进行通报，讲明会议议程，并按会议流程组织会议。

2.各部门工作负责人概述当周个人工作完成情况，着重介绍工作执行过程中存在的问题及解决办法；=同时通报下周工作计划，及其具体实施步骤、完成时间，对需其他部门人员配合完成的，作出具体说明。

3.由副店长对当周工作的整体完成情况进行讲评，指出错误，并提出改进措施，同时对下周工作要点进行布置和安排。

4.店长讲话。

5.若当周有下发的酒店文件，则在会议结束前组织共同学习。

五、会议记录

本会议的内容由专人负责记录，具体规定如下：

1.以专用会议记录本做好会议的原始记录及会议考勤记录，根据需要整理会议纪要。

2.会议记录应在会议当天完成，整理

出会议纪要后，第二日上午（每周二）报店长签字审核下发。

3.做好会议记录的日常归档、保管工作。

六、会议要求

1.准时到会，并在会议签到表上签到。

2.会议发言应言简意赅，紧扣议题。

3.做好本人的会议记录。

4.遵守会议纪律，与会人员在开会期间，应将手机调到震动状态或者关机，若接打电话，需经批准后到会场外通话。

5.以上要求若有违反，当事人罚款100元；

6.本办法自公布之日起开始执行。

××连锁酒店店长办公室

××××年××月××日

（二）例会内容

一般来说，部门经理周例会有以下几个方面的内容：

（1）财务经理通报分析上周酒店财务经营情况，并与前周比较，与上个月和上一季度的同期比较。

（2）大堂副理和质检部门分别通报上周客人投诉情况和上周服务质量的讲评分析，特别是每周的投诉率的分析。

（3）前厅经理通报上周客情（包括出租率、平均房价、团队和散客比例、客源结构等）和本周客情预测预报。

（4）营销经理和餐饮经理通报市场情况、本周重要活动、会议和重要宴会情况。

店长要分析并检查询问各部门上周工作完成情况，布置安排本周工作，内容大体有以下几个方面：本周接待任务、接待活动的讲评、安排和协调；本周服务质量工作重点和有关安排；本周行政日常工作的具体布置；通报办公会议研究决定的有关问题和工作要求等。

随手札记

三、开展VIP客人接待工作

VIP（贵宾）是英文“Very Important Person”的简称，意为“非常重要的客人”，一般称为“贵宾”。

对VIP（贵宾）的接待服务是酒店给予在政治、经济以及社会各领域有一定成就、影响和号召力人士的一种荣誉。VIP（贵宾）接待服务是酒店优质服务的集中体现，也代表着酒店接待服务的最高水准。店长必须十分重视这项工作。

（一）常见VIP客人

见表2-3 酒店VIP（贵宾）类别。

表2-3 连锁酒店VIP（贵宾）类别

序号	类别	具体内容	备注
1	党、政、军官员	（1）国家元首级领导 （2）国家部委级领导 （3）省级领导 （4）省厅、司局级领导 （5）市县（市、区）党政军负责人	
2	社会名人	（1）影视、娱乐、体育界著名演艺人员、运动员 （2）社会各界名流 （3）新闻传媒的资深编辑、记者 （4）知名人士	
3	业内人士及其他	（1）酒店董事长、总经理 （2）曾经对酒店有过重大贡献的人士 （3）相关行业管理部门人员 （4）酒店邀请的客人 （5）本人入住酒店豪华房3次以上的客人 （6）本人入住酒店10次以上的客人 （7）大型合作伙伴的董事会成员 （8）来本地的外商代表、外籍工程师 （9）总经理指定的客人 （10）根据酒店统计排名前十名的公司预定 （11）特殊经营关系的人员	

连锁酒店通常将VIP（贵宾）划分为四个级别，自高至低依次为VA、VB、VC和VD，也有按级别高低依次为白金钻级、钻石级、白金级、金卡级贵宾。见表2-4 VIP（贵宾）客人资格申请和批准。

（二）VIP接待工作流程

成功接待VIP客人会给酒店带来巨大的社会效益和经济效益。因此，店长应特

表2-4　VIP（贵宾）客人资格申请和批准

等级	资格、条件	申请人	批准人
VA	国家级元首 国家部委级领导 省级领导	店长	董事会 董事长
VB	省厅、司局级的领导 市党政军负责人 社会名流（演艺界、体育界、文化界、科学界、新闻界）行业管理部门人员 曾经对酒店有过重大贡献的人士	副店长 店长助理 部门经理	店长
VC	酒店董事长、总经理 知名旅游企业总经理 酒店邀请的客人 特殊经营关系的人员 消费排名前十名的单位	部门经理	副店长
VD	入住酒店豪华房3次 入住酒店10次以上的客人	前台主管	营销部经理

别重视对VIP客人的接待工作。

在接待工作开展之前，店长应带领部门负责人仔细制作VIP客人接待流程，以便使接待工作有条不紊地进行，而不致到时候手忙脚乱，如下例所示。

随手札记

范例 08

VIP 客人接待流程

一、预定确认

（1）营销部或前厅部在获得比较重要的接待预定信息时，应尽量详细地了解客人的信息，并预先填写“VIP客人接待通知单”交前厅部。

（2）前厅经理核实会议信息内容，并做好前期沟通，正式打印“VIP客人接待通知单”交店长签字确认，下发各相关部门执行。（注：VIP客人接待通知单用红纸打印，一般会议通知单用白纸打印，更改通知单用粉红纸打印）

（3）由前厅部牵头，店长召集相关部门经理召开“VIP接待协调会议”。前厅经理负责介绍会议情况、接待要求，各参会人员共同协商接待办法，店长负责最终分配任务，掌握关键控制点。

（4）各部门经理按照会议指示和“VIP客人接待通知单”要求向内部员工详细传达VIP接待信息，布置相关人员的工作任务，做好接待准备。

二、客人抵达前的准备工作

1.前厅部

（1）提前落实客人到店的时间、人数、所带车辆的数量、酒店迎接位置及迎送路线（营销部协助）。

（2）提前一天发送迎接短信。

（3）提前1～2小时对客人行进的线路全面检查一次，大概包括以下检查内容：

保安：保安站位情况，保安是否了解VIP接待信息等。

标示：彩虹门、横/条幅、水牌、主通道卫生。

会场：会型布置、桌椅的摆放、主席台布置、宣传喷绘及横幅、签到台、水牌、白板、白板笔、麦克风、电池、音响及音响师、会场灯光、空调、投影仪；鲜花、水果摆放，酒水、打火机等；卫生间（卷纸、洗手液、卫生）。

客房：信函、欢迎词、易耗品及贵宾专用物品、卫生、空调、灯光、冷热水、电话、电视、遥控等。

餐饮：用餐场地布置、摆台、服务人员、音响、鲜花、礼品、酒水、菜品准备等情况，并与餐饮部确认用餐时间、人数、上菜时间、餐中其他特殊要求等。

礼品：检查相关礼品准备情况。

（4）提前分配好房间、做好房卡并测试房卡可否正常使用。

（5）安排好行李生站位、欢迎词、行李运行规范。

2.客房部

（1）提前两小时按接待标准布置好房间，以及专为VIP客人准备的特殊物品，开好灯光，备好热茶、水果等物品。

（2）领班、主管、经理各仔细检查一次VIP客人所入住房间的各项设备是否齐全和正常。

（3）安排好各关键点的迎接工作。

（4）安排领班以上人员专人服务VIP房间。

3.餐饮部

（1）安排好迎宾员站位、欢迎词、引领规范。

（2）布置好用餐指示牌、楼梯、灯光、餐厅场地、餐桌、鲜花、礼品、酒烟、饮料、音响等。

（3）开餐前，由餐饮部经理亲自负责检查VIP客人使用包厢的设备及餐具；用餐时，由餐饮经理亲自带领优秀服务员为VIP客人服务。

（4）向厨务部了解菜品的准备情况、上菜时间、菜品特殊要求等。

4.保安部

（1）严格宣讲清楚VIP客人进店时间、车辆特征、行进线路。

（2）安排好关键点的保安人员站位情况、敬礼要求、用语。

（3）预留好停车位置。

5.工程部

（1）安排音响师与相关客服人员对接，准备相关音乐、灯光编排。

（2）准备好相关话筒、空调、电池，必要时安排专人摄像，以作客人见证用。

三、VIP客人入店迎接

（1）在接到VIP客人正在抵达途中的报告后，由店长带队，相关经理参与（前厅部、客房部、营销部及其他人员），提前10分钟在酒店指定地点迎接。

（2）当VIP客人抵达时，保安人员行礼并上前打开车门，送上欢迎语，由前厅经理向前迎接并引荐代表酒店方面的高层领导（必要时安排专人送上鲜花）。

（3）行李生帮忙运送行李到指定地点。

（4）店长或前厅经理（陪同人员领取房卡）陪同VIP客人至目标地点。

（5）接待部门领班开好电梯，服务员在楼层主要通道口列队欢迎。

（6）如果入住客房，楼层服务员在VIP客人抵达房间前打开房门，并将房门虚掩。

（7）保安部负责维持好门口秩序，引导车辆的停放及电梯的管控。

（8）办公室派人负责签字及拍照留念。

注：VIP客人在房间办理登记手续，由主管以上人员负责陪同。

四、客人住店期间的服务

1.前厅部

（1）负责客人在店的协调并及时解决各类问题。

（2）跟进会议进程、用餐，协调好开餐时间及活动安排，并及时通知相关部门。

（3）使用规范用语，做好VIP客人的

随手札记

叫醒服务，提示早餐及开会时间和地点。

2.客房部

（1）应尽快为VIP客人清理房间，观察VIP客人生活习惯、爱好等，及时调整服务方法。

（2）经理、主管、领班须每天检查房间设备、设施及卫生情况，及时解决问题。

3.餐饮部

及时跟进VIP客人的用餐情况，部门经理必须亲自安排菜单和早点。

4.保安部

在值勤时需着正装、礼宾手套，规范巡视VIP客人车辆情况，保证安全。

五、VIP客人离店时的服务

1.前厅部

（1）核对VIP客人在店账务情况，落实清楚VIP客人费用的结算方式。

（2）准确落实VIP客人的离店时间，并通知相关部门做好相应的离店准备工作。

（3）店长带队，相关经理参与，在主要通道口欢送，直至VIP客人离开酒店。

（4）会议结束时，征求VIP客人的意见.建议或填写“VIP客人回访表”。

2.前厅部

安排行李员提前10分钟为客人运送行李。

3.客房部

在VIP客人退房时仔细检查房间里有无遗留物品，如有及时报送至前厅经理处。

4.财务部

把VIP客人的所有账单提前准备好，结算清楚，并复核检查，为VIP客人提供迅速、准确的结账服务。

5.保安部

负责维持好门口秩序，引导车辆停于酒点正门前接送VIP客人，并做好车辆疏导工作。

六、VIP客人离店后的工作

1.办公室

做好资料、图片的存档工作。

2.前厅或营销部

（1）当天或第二天，短信回访一次。

（2）做好相关维护工作。

特别提示：

店长应督促酒店各部门认真做好对VIP客人的接待工作，因为这与酒店的荣誉和收益息息相关。无论是哪种级别的VIP客人，店长都应为其提供最尊贵的服务，不能因为其级别较低而轻视。

（三）接待注意事项

为了使迎接工作圆满完成，店长在接待过程中要特别注意一些重要事项。

（1）贵宾抵达前一天，将住房卡和房间钥匙装入贵宾信封（房卡上加盖VIP印章）。

（2）VIP资料应准确地输入电脑。

（3）VIP房号必须保密。

（4）VIP的信件、传真等必须严格登记、专人收发。

（5）酒店门口迎候的礼宾员应戴白

手套。

(6) VIP风俗习惯或宗教信仰方面有特殊要求，应尽量满足。

(7) 对客人宗教信仰方面忌讳的用品，要从房间撤出来，以示尊重（如信仰伊斯兰教的客人，不能把洋娃娃作为礼物，不能摆放含酒精的饮品等）。

(8) 如果客人分住几个房间，应在房卡或欢迎信上注明每位客人的房间号码及电话。

(9) 如果接站，要有接站欢迎牌，上写“热烈欢迎您，××先生（或小姐）”字样，既便于找到客人，又给客人留下美好的印象。

(10) 级别高的重要客人到达时，店长要组织服务员到门口列队欢迎（服装要整齐，精神要饱满，客人到达时要鼓掌），必要时店长要组织部门经理列队迎接，在客人没有全部进店前不得解散队伍。

(11) 献花需用鲜花或用鲜花扎成的花束，花束要整洁、鲜艳，忌用菊花、杜鹃花、石竹花和黄颜色的花朵。

特别提示：

迎宾时店方在前客人在后，送客时客人在前店方在后，送客送到看不见车尾。

四、酒店日常安全管理

（一）酒店安全的内涵

酒店安全是指在连锁酒店所涉及的范围内的所有人、财、物的安全及所产生的没有危险、不受任何威胁的生理的、心理的安全环境。酒店安全包含三个层面的内容：

(1) 酒店以及本店员工、来店客人的人身和财物，在酒店所控制的范围内不受侵害，酒店内部的生活秩序、工作秩序、公共场所等内部秩序保持良好状态。因为客人特别是国外客人住店，首先关心自己的人身和财产是否安全，其次才关心生活是否舒适、和谐与宽松。

随手札记

（2）酒店本身的财产安全与名誉安全。

（3）酒店安全不仅指酒店人员的人身和财产不受侵害，而且还指不存在其他因素导致这种侵害的产生即心理安全。酒店安全状态是一种既没有危险，也没有可能发生危险的一种状态，使客人在心理上获得安全感。从保障客人的合法权益来说，只要客人住进酒店，酒店员工就有责任保障客人的心理安全，为客人保守秘密和隐私。

（二）客人安全控制与管理

连锁酒店是一个公共场所，除衣冠不整者外，任何人都可自由出入。在众多的人流中，难免有图谋不轨分子或犯罪分子混杂其间，因此，入口控制就显得非常重要，店长要督促酒店各部门做好入口控制。酒店入口主要有：酒店大门入口、楼层电梯入口、楼层通道。

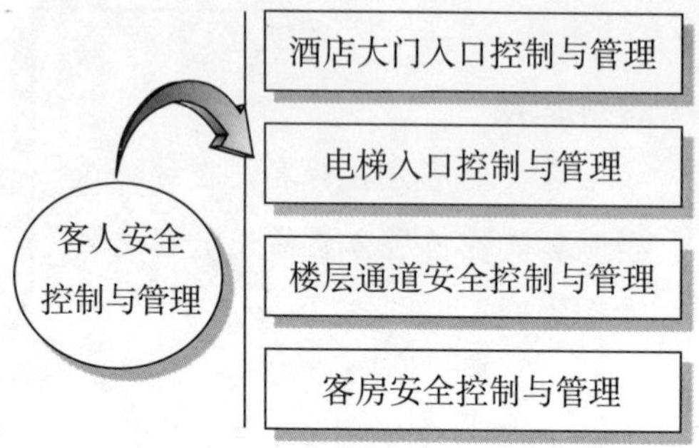

图2-1　客人安全控制与管理

1.酒店大门入口控制与管理

（1）连锁酒店不宜有多个入口处，应把入口限制在大门。这种控制是指有安全门卫或闭路电视监视设备控制。在夜间，只使用一个入口。

（2）酒店大门的保安既是迎宾员，又应是安全员。应对保安进行安全方面的训练，使他们能观察、识别可疑分子及可疑的活动。另外，也要对大门及门厅里进行巡视，对进出的人流、门厅里的各种活动进行监视。如发现可疑人物或活动，则及时与值班经理联络，以便采取进一步的监视行动，制止可能发生的犯罪或其他不良行为。

（3）在大门入口处安装闭路电视监视器（摄像头），对入口处进行无障碍监视。

2.电梯入口控制与管理

电梯是到达楼层的主要通道。许多酒店，设有专供客人使用的专用电梯。为确保酒店的安全，必须对普通电梯及专用电梯入口加以控制。控制的方法一般采用闭路电视监控。监控的位置一般在大厅电梯口、楼层电梯口、电梯内。

3.楼层通道安全控制与管理

（1）保安人员在楼层通道里巡视应是一项日常、例行的活动。保安人员对楼层通道巡视的路线和时间应不时作调整和变更，不能形成规律，以免让不法分子钻空子。

（2）楼层安全计划应明确要求凡进入楼层区域工作的工作人员，如客房服务员、客房主管及店长助理、值班经理等都应在其工作岗位中起到安全控制与管理的作用，随时注意可疑的人及不正常的情况，并及时向值班经理报告。

（3）要通过装置在楼层通道中的闭路电视监视系统对每个楼层通道进行监视及控制。

4.客房安全控制与管理

客房是客人在酒店停留的主要场所及其财物的存放处，所以客房的安全至关重要。客房安全控制与管理包括以下三个方面。

（1）客房门锁与钥匙的控制与管理。为防止外来的侵扰，客房门上的安全装置是非常重要的，其中包括门锁装置、安全链及广角的窥视警眼（无遮挡视角不低于60°）。除正门之外，其他能进入客房的入口处都要上闩或上锁。这些入口处有：阳台门、与邻房相通的门等。

客房门锁是保护客人人身及财产安全的一个关键环节。安全的门锁以及严格的钥匙控制是客人安全的一个重要保障。酒店店长应设计出一个符合本酒店实际情况，切实可行的客房钥匙编码、发放及控制的程序，以保证客房的安全，保证客人的人身及财物的安全。

（2）客房内设施设备的安全控制与管理。客房内设施设备的安全控制与管理要点如表2–5所示。

（3）客人财物保管箱安全控制与管

表2-5　客房内设施设备安全控制与管理要点

序号	类别	安全控制与管理要点
1	电气设备安全	客房内的各种电气设备都应保证安全。客房电气设备安全控制包括：客用电视机、小酒吧、各种灯具和开关插座的防爆、防漏电安全；火灾报警探头系统、蜂鸣器、自动灭火喷头以及空调水暖设施设备的安全等
2	卫生间及饮水	卫生间的地面及浴缸都应有防止客人滑倒的措施。客房内口杯、水杯及冰桶等都应及时并切实消毒。如卫生间内的自来水未达到直接饮用的标准，应在水龙头上标上“非饮用水”的标记

随手札记

（续表）

序号	类别	安全控制与管理要点
3	家具设施包括床、办公桌、办公椅、躺椅、行李台、茶几等家具	应定期检查家具的牢固程度，尤其是床与椅子，使客人免遭伤害
4	其他方面	在客房桌上应展示专门有关安全问题的告示或须知，告诉客人如何安全使用客房内的设备与装置，专门用于保安的装置及作用，出现紧急情况时所用的联络电话号码及应采取的行动。告示或须知还应提醒客人注意不要无所顾忌地将房号告诉其他客人和任何陌生人；应注意有不良分子假冒酒店职工进入楼层或客房

理。按照我国的有关法律规定，酒店必须设置客人财物保管箱，并且建立一套登记、领取和交接制度。

酒店客人财物保管箱有两类：一类设在酒店前台内，由前台统一控制。客人使用时，由前台服务员和客人各执一把钥匙，取物时，将两把钥匙一起插入才能开启保险箱。另一类则为客房内个人使用的保险箱，客房内保险箱由客人自设密码，进行开启与关闭。

特别提示：

应将保险箱的使用方法及客人须知明确地用书面形式告知客人，让客人方便使用。须定期检查保险箱的密码系统，以保证客人使用安全。

（三）员工的安全控制与管理

连锁酒店店长在员工安全管理中，应根据本酒店的运作过程，结合各个工作岗位的工作特点，制定员工安全标准及各种保护手段和预防措施。只有做好了员工安全管理工作，才能保证员工安心地在酒店工作。

1.劳动保护措施

酒店劳动保障措施如表2-6所示。

2.员工免遭外来的侵袭控制

在经济型酒店中，前台接待员兼作收银员，很有可能成为受袭击的对象。所以，为保护前台接待员的安全，在前台应装置报警器或闭路电视监视器，应只保留最小限额的现金。接待员交解现金时，应由保安人员陪同。还应告知前台接待员遭到抢劫时的安全保护程序。

客房服务员还可能因碰上正在房内作案的窃贼而遭到袭击，或遇到行为不轨或蛮不讲理的客人的侵扰。一旦发生这种情况，在场的工作人员应及时上前协助受侵袭的服务员撤离现场，免遭进一步的攻

表2-6 劳动保护措施

序号	措施	内容
1	岗位工作的劳动保护与安全标准	酒店的各个工作岗位要根据岗位工作的特点制定安全操作标准。虽然酒店内的服务工作基本上以手工操作为主，但不同岗位的安全操作标准却不尽相同。如接待员需要防袭击和防骚扰，客房清洁服务员的腰肢保护和防清洁剂喷溅，餐厅服务员防烫伤、防玻璃器皿割伤等，都需要有相应的安全工作的操作标准。随着各种工具、器械、设备应用的增多，酒店应制定各种工具、器械、设备的安全工作标准和操作标准
2	岗位培训中的安全培训	在员工岗位技术培训中应将安全工作及操作列入培训的内容，在学习及熟练掌握各工作岗位所需的技能、技巧的同时，培养员工要养成良好的安全工作及安全操作的习惯，并使员工掌握必要的安全操作的知识及技能。强调并提倡员工之间的互相配合，即工种与工种之间，上下程序之间，都应互相考虑到对方的安全，如设备维修人员在维修电器或检查线路时，要告诉正在一起工作的房务员，以免造成不便或引起事故

击，并尽快通知保安人员及客房主管迅速赶到现场，酌情处理。

另外，给上夜班下晚班的员工安排交通工具回家或在酒店过夜；及时护送工伤及生病员工就医；防范员工上下班发生交通事故；加强员工食堂管理，力保员工饮食安全，防止食物中毒等也属于员工安全计划的内容。

3.员工个人财物安全保护

酒店员工的个人财产安全保护包括员工宿舍内员工个人财产的安全保护和员工更衣室的个人衣物储藏箱的安全保护两个方面，如图2–2所示。

随手札记

员工宿舍内员工个人财产保护	员工宿舍内员工个人财产的保护包括防止员工内部偷盗及外来人员偷盗两方面内容
员工更衣室个人的衣物储藏箱安全保护	原则上，酒店不允许员工带物品进入酒店及工作岗位，为确保员工的衣服及随身的日常小用品的安全，要为上班的员工提供个人衣物储藏箱，应告诫员工不要携带较多的钱财及贵重物品上班

图2-2　员工个人财物安全保护

（四）酒店财产安全控制与管理

酒店内拥有大量的设施设备和物品，这些财产和物品为酒店的正常运行、服务及客人享受提供了良好的物质基础。对这些财产及物品的任何偷盗及滥用都将影响到酒店及客人的利益，因此，财产安全控制与管理是连锁酒店店长安全控制与管理中的重要内容。其具体内容如下：

1.员工偷盗行为的防范与控制

员工在日常的工作及服务过程中，直接接触各类设备与有价物品，这些物品具有供个人家庭使用或再次出售的价值，这很容易诱使员工产生偷盗行为。在防范和控制员工偷盗行为时，应考虑的一个基本问题是员工的素质与道德水准。这就要求在录用员工时严格把好关，进店后进行经常性的教育，并有严格的奖惩措施。奖惩措施应在员工守则中载明并严格照章实施。对有诚实表现的员工进行各种形式的鼓励及奖励；反之，对有不诚实行为及偷盗行为的员工视情节轻重进行处理，直至开除出店。思想教育和奖惩手段是相辅相成的，只要切实执行，是十分有效的。

另外，还应通过各种措施，尽量限制及缩小员工进行偷盗的机会及可能。这些措施包括：

（1）员工上班都必须穿制服、戴工牌，便于保安人员识别。

（2）在员工上下班进出口处，应有安保人员值班，检查及控制员工携带进出的物品。

（3）完善员工领用物品的手续，并严格照章办事。

（4）严格控制储存物资，定期检查及盘点物资数量。

（5）控制及限制存放在前台的现金额度，交解现金需有安保人员陪同及参加。

（6）严格执行财物制度，实行财务检查，谨防工作人员贪污。

2.客人偷盗行为的防范与控制

由于酒店物品的高档性、稀有性及无法购买性（有些物品在市场上无法购买到），因而酒店住店客人也容易产生偷盗行为。虽然客人的素质一般较高，但受所喜爱物品的诱惑，也不乏偷窃倾向。酒店所配备的客用物品如浴巾、浴衣、办公用品、日用品等一般都由专门厂家生产，档次、质量、式样都较好；客房内的装饰物和摆设物（如工艺品、字画、古玩等）也比较昂贵和稀有，这些物品具有较高的使用、观赏价值和纪念意义而容易成为住店客人盗取的对象和目标。因此，为防止这些物品被盗而流失，可采取的防范控制措施有：

（1）将这些有可能成为客人偷盗目标的物品，印上或打上酒店的标志或特殊的标记，这能使客人打消偷盗的念头。

（2）有些使客人感兴趣，想留作纪念的物品，可供出售，这可在《旅客须知》中说明。

特别提示：

客房服务员日常打扫房间时，对房内的物品应加以检查；或在客人离开房间后对房间的设备及物品进行检查。如发现有物品被偷盗或设备被损坏，应立即报告。

3.外来人员偷盗行为的防范与控制

外来人员偷盗行为的防范与控制包括的内容，如图2-3所示。

不法分子和外来窃贼	要加强入口、楼层通道及其他公众场所的控制，防止外来不良分子窜入作案
外来公务人员	酒店由于业务往来需要，总有一些外来公务人员进出，这些人员包括外来公事人员、送货人员、修理人员、业务洽谈人员等。应规定外来人员只能使用员工通道，出入须经安全值班人员检查后才可放行。如果楼层内的设备、用具、物品等需带出店外修理的，必须有值班经理的签名，经安全值班人员登记后，才能放行

随手札记

访客 → 酒店客人因业务需要经常接待各类来访客人，而来访客人中也常混杂着不良分子，他们在进入客人房间后，趁客人不备往往会顺手牵羊，带走客人的贵重物品或客房内的高档装饰物及摆设物；他们也可能未经客人的同意，私自使用客房内的付费服务项目，如打长途电话甚至国际长途等。此外，酒店应尽量避免将有价值的物品放置在公共场所的显眼位置，并应对安放在公共场所的各种设施设备和物品进行登记和有效管理

图2-3　外来人员偷盗行为的防范与控制

五、酒店消防安全管理

火灾始终是威胁酒店的一个重大灾难。因此，店长要制订科学合理的防火安全计划并进行有效的消防管理，并且每周都应对消防设备进行仔细检查。

（一）防火安全计划与消防管理

1.消防安全告示

消防安全告示可以从客人一入店时进行。可在客人登记时发给一张酒店卡，卡上除注明酒店的服务设施和项目外，还应注明防火注意事项，印出酒店的简图，并标明发生火警时的紧急出口。

客房是客人休息暂住的地方，也是客人在酒店入住期间停留时间最长的地方，应当利用客房告诉客人有关消防安全的问题。如在房门背后应安置楼层的火灾紧急疏散示意图，在图上把本房间的位置及最近的疏散路线用醒目的颜色标在上面，以使客人在紧急情况下安全撤离；在房间的写字台上应放置“安全告示”或放有一本安全告示小册子，比较详细地介绍酒店及楼层的消防情况，以及在发生火灾时该怎么办。

2.防火安全计划与制度

防火安全计划是指酒店各岗位防火工作的工作程序、岗位职责、注意事项、规章制度以及防火检查等项工作计划的总称。

在制订防火安全计划时，要把酒店内每个岗位容易发生火灾的因素找出来，然后逐一制定出防止火灾的措施与制度，并建立起防火安全检查制度。酒店的消防工作涉及每个岗位的每一个员工。只有把消防工作落实到每个岗位，并使每位职工都明确自己对消防工作的职责，安全工作才能有保证。必须使每位员工做到：

（1）严格遵守酒店规定的消防制度和操作规程。

（2）发现任何消防问题及时向有关部门汇报。

（3）维护各种消防器材，不得随意挪动和损坏。

（4）发现火患及时报警并奋力扑救。

（二）火灾应急计划的控制和管理

火灾应急计划的控制和管理是指在酒店一旦发生火灾的情况下，酒店所有人员采取行动的计划与控制、管理方案。火灾

计划要根据酒店的布局及人员状况用文字的形式制定出来，并需要经常进行训练。

酒店内一旦发生火灾，应立刻报警。有关人员在接到火灾报警后，应当立即抵达现场，组织扑救，并视火情通知公安消防队。有些比较小的火情，酒店及楼层员工是能够在短时间内组织人员扑灭的。如果火情较大，就一定要通知消防监控中心。酒店应把报警分为二级。一级报警是在酒店发生火灾时，只是向酒店的消防监控中心报警，其他场所听不到铃声，这样不会造成整个酒店的紧张气氛。二级报警是在消防监控中心确认楼层已发生了火灾的情况下，才向全酒店报警。

特别提示：

店长应按照酒店及楼层的布局和规模设计出一套方案，使每个部门和员工都知道万一发生火灾时该怎么做。

一旦酒店发生火灾或发出火灾警报时，店长应要求所有员工坚守岗位，保持冷静，切不可惊慌失措，到处乱跑，要按照平时规定的程序作出相应的反应。所有的人员无紧急情况不可使用报警电话，以保证电话线路的畅通，便于酒店管理层下达命令。各部门及岗位该采取的行动如表2–7所示。

（三）火灾疏散计划与管理

火灾疏散计划与管理是指酒店发生火灾后，人员和财产紧急撤离出火灾现场，到达安全地带的行动计划和措施。

在制订该计划和措施时，要考虑到楼层布局、酒店周围场地等情况，以保证尽快地把楼层内的人员和重要财产及文件资料撤离到安全的地方。这是一项极其重要的工作，组织不当会造成更大的人员伤亡和财产损失。

通知疏散的命令一般是通过连续不断的警铃声发出或是通过广播下达。

在进行紧急疏散时，客房服务员要注意通知房间的每一位客人。只有确定本

随手札记

表2-7　各部门及岗位该采取的行动

序号	部门及岗位	该采取的行动
1	酒店消防委员会	（1）消防委员会在平时担负着防火的各项管理工作，一旦酒店发生火灾，消防委员会就肩负着火灾领导小组的职责 （2）在发生火灾或发出火灾警报时，消防委员会负责人应当立即赶到临时火灾指挥点。临时火灾指挥点要求设在便于指挥、便于疏散、便于联络的地点 （3）领导小组到达指挥点后，要迅速弄清火灾的发生点、火势的大小，并组织人员进行扑救，与此同时领导小组还应视火情迅速作出决定：是否通知消防队，是否通知客人疏散，了解是否有人受伤或未救出火场，并组织抢救
2	酒店消防队	（1）根据消防法规，酒店应当建立义务消防队。酒店消防队是一支不脱产的义务消防队伍，它担负着防火的任务，经常组织训练，随时准备参加灭火行动。酒店消防队一般由保安部人员和各部门的人员组成 （2）当酒店消防队员听到火灾警报声时，应当立即穿好消防服，携带平时配备的器具（集中存放在酒店某地）迅速赶赴现场。这时应有一名消防管理人员在集合地点带领消防队员去火灾现场参加灭火行动
3	保安人员	（1）听到火灾警报后，保安人员应立即携带对讲机等必需物品赶赴现场指挥点。酒店大门的保安在听到火灾铃声后，应当立即清理酒店周围的场地，为消防车的到来做好准备。阻止一切无关人员的进入，特别要注意防范有图谋不轨者趁火打劫 （2）巡逻人员在火灾发生时要注意安排专人保护酒店的现金和其他一些贵重物品。要护送出纳员和会计把现金转移到安全的地方。各岗位的安全人员在发生火灾时，都必须严守岗位，随时提防不法分子浑水摸鱼
4	前台人员	前台人员要把所有的电梯关闭，告诫客人不要乘坐电梯、不要返回房间取东西，并把大厅所有通向外面的出口打开，迅速组织人员疏散，协助维持好大厅的秩序
5	工程维修人员	工程维修人员在接到酒店的火灾报告时，应立即赶往火灾现场察看火情。应视火情决定是否全部或部分关闭酒店内的空调通风设备、煤气阀门、各种电器设备、锅炉、制冷机等设备，防止事态进一步发展。负责消防水泵等设备的人员迅速进入工作场地，并使这些设备处于工作状态。楼层内的危险物品应立即运到安全地带，以防连锁反应。其他人员应坚守岗位，不得擅离职守
6	楼层服务员	当楼层客房服务员听到火警的铃声时，应当立即查看、检查所有的安全门和通道是否畅通，并立即组织疏散客人

楼层的客人已全部疏散出去，服务员才能撤离。

特别提示：

在疏散时，要通知客人走最近的安全通道，千万不能使用电梯。可以把事先准备好的“请勿乘电梯”的牌子放在电梯前。有的酒店在电梯的上方用醒目字体写着“火灾时，请不要使用电梯”。

当所有人员撤离楼层或酒店后，应当立即到事先指定的安全地带集合，查点人数。如有下落不明的人员或还未撤离的人员，应立即通知消防队。

（四）灭火计划与管理

灭火计划与管理的内容包括：

（1）酒店总平面图。要注明楼层布局、给水管网上消火栓的位置、给水管尺寸、电梯间及防烟楼梯间位置等。

（2）酒店内部消防设备布置图。如自动灭火设备安装地点、室内消火栓布置图、进水管路线、阀门位置等。

（3）根据酒店的具体情况绘制的灭火行动平面图。要解决抢救人员、物资及清理火场通道的问题，实施计划应同时考虑利用楼梯作为灭火进攻和抢救疏散人员、物资及清理火场的通道；如果楼梯被烧毁或被火场残物堵塞，要有其他备用的行动方案等。

（五）安全项目大检查

店长要把酒店所有的这些安全防范计划落到实处，就必须对所有涉及酒店安全的设施设备进行大检查，一般的设施设备至少每周检查一次，且要求各部门对本部门的安全设施设备每天都要仔细检查。店长要时刻谨记：安全问题，来不得半点马虎，如表2-8所示。

随手札记

表2-8 酒店安全项目检查表

序号	检查项目		检查情况	整改计划
1	消防设施管理	烟感有验收报告，每隔六月检测一次，并有记录		
2		灭火器按规定配置，每月检查一次压力，并有记录		
3		消火栓经消防验收后，每年在消防演习时出水一次		
4		消防报警显示器位置合理，酒店有每次故障报警记录		
5		消防通道不得堆放物品，始终保持通道畅通		
1	锅炉房管理	锅炉房清洁，无堆放杂物和晾晒衣服		
2		锅炉有定时运行记录与故障维修记录		
3		锅炉有维护保养计划与记录		
4		有压锅炉须年检，每天测试水位报警装置		
5		锅炉房员工持证上岗，24小时不间断值班		
1	用电安全	变配电间清洁，无堆放杂物和人员住宿		
2		变配电间有定时工作日记与故障维修记录		
3		变配电间设备每年须有一次断电大清洁		
4		变配电间须备绝缘鞋、绝缘手套、应急灯与灭火器		
5		其他电器设备须定期保养，专业维修，建立设备档案		

(续表)

序号	检查项目		检查情况	整改计划
6	用电安全	大功率电器需要使用接电插座，并注意电线负荷		
7		不得使用破损接线板，不得私拉私接电线		
8		电工须持证上岗		
1	电梯维护	保持电梯轿厢和机房清洁，保持适当温度		
2		电梯须有专业维修单位计划维护，每次维修须有记录		
3		电梯故障时须确保客人安全撤离，再联系专业维修		
4		维修保养时须放“维修中”标志牌，防止意外		
5		电梯运行中不得擅自开门，非专业员工不得手动操作电梯		
6		电梯机房须备有灭火器		
1	弱电系统维护	弱电系统包括：电话系统、电脑系统、视听系统等		
2		须保持弱电系统环境和设备清洁、无尘与散热		
3		弱电设备需正确使用并由专业部门定期维护（含数据）		
4		电脑设备未经许可不得私自上网、安装软件,防止病毒		

（续表）

序号	检查项目		检查情况	整改计划
1	安全用气	厨房里须备有灭火毡和灭火器		
2		使用炉灶时厨师不得离岗，炉灶用毕须关闭煤气		
3		发现煤气泄漏应立即报告维修，不得麻痹大意		
4		厨房油烟罩须定期清洗，防止油腻造成隐患		
5		厨房关门时须根据检查清单逐项检查签字后才能下班		
1	治安管理	按照规定住店客人须扫描身份证明及资料，向公安部门传送		
2		建立访客登记制度		
3		建立可疑人员内控和客房异常情况报告制度		
4		及时更新黑名单资料，并有黑名单控制和报告预案		
5		落实客人开门身份核对制度		
6		监控设备运行正常，录像保存规定的期限		
7		酒店库房和财务室门锁完好牢固，无安全隐患		
8		夜间巡逻间隔不超过90分钟，并有巡逻点即时记录		
9		酒店前台备有应急联系与报警电话		

（续表）

序号	检查项目		检查情况	整改计划
1	钥匙管理	酒店钥匙分客房机械钥匙、房卡及酒店内部机械钥匙		
2		客房机械钥匙须保管在保险柜内，并有每次使用记录		
3		房卡须有各班交接记录，并有借用登记与签收		
4		房卡密码钥匙与客房总卡应妥善保管并有使用权限		
5		内部机械钥匙保管在钥匙箱内以备急用并有登记制度		
6		有钥匙增配手续制度		
7		有钥匙保管与遗失的责任制度		
1	安全制度	有完善的安全管理制度		
2		有新老员工定期的安全知识培训，并建立培训档案		
3		保安员、前台员工和客房主管须持有治安培训上岗证		
4		每年进行一次消防演习		
5		定期进行安全例行检查		
6		店长为安全第一责任人		

六、酒店卫生质量管理工作

连锁酒店的清洁卫生工作十分重要，任何客人都希望住进干净整洁的酒店。因此，连锁酒店店长要格外重视酒店的清洁卫生工作。

卫生工作涉及面很广，工作量大。它关系到各个部门、各个岗位，每个员工、每个处所。一般分为以下几个方面，如图2-4所示。

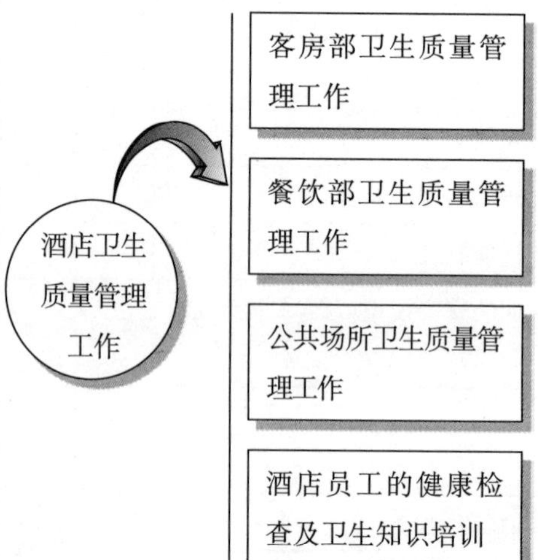

图2-4　酒店卫生质量管理工作

（一）客房部卫生质量管理工作

客房是客人在一家酒店停留时间最长、要求最高、对清洁卫生观察最细的处所。客房卫生质量的高低，直接影响着住店客人对酒店的印象。它是酒店卫生质量管理的重要方面。做好客房的清洁卫生工作，要用先进、科学的卫生质量管理方法，确保客房舒适、整洁、卫生。

客房的卫生清洁计划安排包括两个方面：

一方面是日常每天必须做的清洁卫生工作，如所有客用的用具每天更换（固定物资除外）、每天吸尘、所有能伸手够到的地方的浮灰清洁、卫生间的布件更换，以及地面、镜面、墙面的去湿去污。

另一方面是每天安排一两项单项卫生质量管理工作，如周一清洁窗玻璃，周二清洁门框、衣橱以及高处作业，周三清洁家具上的脏迹，周四对楼层走道的公共区域和工作间的卫生作清洁安排等。制订清洁卫生计划，就可以避免卫生工作过程中的突击性，避免问题堆积。

（二）餐饮部卫生质量管理工作

餐饮方面的卫生管理工作比较复杂，内容繁多。它包括食品卫生、饮料卫生、厨房卫生、餐厅的清洁卫生和个人卫生等几个方面。店长应对餐饮部的清洁卫生给予更多的关注，制定相关的卫生制度，规范餐饮部的卫生工作，因为餐饮部是最容易产生卫生问题的。

范例09

餐饮部卫生管理制度

一、个人卫生

（1）做到四勤：勤洗手、剪指甲；勤洗澡、理发；勤洗衣服和被褥；勤换工作服。

（2）上班前和大小便后要洗手。

（3）要有健康意识，定期作体格检查，预防疾病，当发现有感冒、咽喉炎、肝炎、皮肤病时应主动报告上司，休假疗养好再上班。

（4）管理人员应十分重视服务人员

的个人卫生与健康，要为他们创造一些必要的条件，并经常进行检查督促，使个人卫生形成制度。

二、工作卫生

1.当班时避免触摸头发或面孔，不能对着食品、客人咳嗽、打喷嚏；不准随地吐痰；不准吸烟。

2.手指不可接触到食物，亦不可碰触杯口、刀尖、筷子前端及汤匙盛汤部分。

3.服务员使用的抹布、垫布等每天要清洗干净，用开水浸烫，以减少或消灭细菌。托盘等工具必须保持清洁。

4.凡腐烂变质和不符合卫生要求的食品坚决不出售。

5.从碟上掉落下来的食物不可给客人食用。

6.不可使用掉落地上的餐具及餐巾。

7.对不干净的餐具和台布要及时送回洗洁处清洗，不可摆用。

8.严禁随地丢弃废纸、倒水、乱放茶水杯。

9.不同的食物不要随便混淆，以免有损味道。

10.在服务过程中要留心就餐者，发现病态者及带菌者，对其所用餐具要单独收拾，重点消毒。

11.收市时注意卫生，牙签、纸巾等应尽力避免掉在地上，以免不雅和增加清洁困难（正确的方法是：先拿开碗、碟等餐具，用台布包住倒杂料或用扫把清扫）。

12.在适当情况下，要经常使用托盘，训练自己成为一名出色的服务员。

三、环境卫生

餐厅里的环境卫生主要包括餐厅、通道、厕所、休息室、工作间（厨房）、绿化带、停车场等场所的卫生。要搞好环境卫生，必须做到“四定”，即：定人、定时间、定物、定质量，划片分工，包干负责，做到处处有人清洁；勤检查，保证时时清洁。要做到市前整理，市后清理，平日小扫，每周大扫，以保证卫生工作经常化、制度化。

环境卫生包括的经常性的工作是：

1.店堂要天天打扫，桌椅要随时抹净，门窗玻璃要经常擦洗。做到四壁无尘、窗明几净、地板清洁、桌椅整洁。

随手札记

2.随时清除垃圾、杂物，要提醒客人不要将残渣吐在地上。对餐厅周围的垃圾要经常清洁，餐厅内不准堆放杂物，凡私人用品和扫帚、拖布、垃圾铲等放在保管室，切忌堆放在客人洗手的池边或厕所过道中。空酒瓶、盒等物品不要堆放在餐厅里。

3.厕所要勤冲洗、勤打扫，做到无积尘、无异味。

4.要采取有效措施，消灭苍蝇、老鼠和蟑螂等害虫。

5.公共场所、大门口、停车场、绿化带等的清洁亦不可忽视，这往往是留给客人的“第一印象”。

6.服务人员也是环境清洁的风景线，仪表仪容举止都应符合卫生规范。

四、餐具卫生

餐具的卫生要求是“四过关”：一洗；二刷；三冲；四消毒。保证餐具无油腻、无污渍、无水迹、无细菌。

刮：餐具洗涤前，先刮去盘、碗中的剩菜，并将大件餐具与小件餐具分开，分别清洗，以免损坏。

洗：因盘、碗一般都有油腻，要用热水清洗或于水中放适量洗洁精以去油腻。

过：洗涤后要用清水冲干净。

消毒：常用的消毒法如：蒸气消毒、开水消毒、药物消毒、电子消毒等。

随着时代科技的发展，一些餐厅则配备有机械自动洗碗机或超声波洗餐具机，那清洁就更为科学和简单了。

五、食品卫生

食物的存放实行“四隔离”：生与熟隔离；成品与半成品隔离；食品与杂物、药物隔离；食品与天然冰隔离。

厨房人员在出品过程中，要注意清洗、存放、拿取的卫生，尽量戴工作帽，避免头发掉落在食物上。

从原料到成品实行“四不制度”：采购员不买腐烂变质的原料；加工人员（厨师）不用腐烂变质的原料；营业员（服务员）不卖腐烂变质的食品；零售单位不收购腐烂变质的食品，不出售腐烂变质食品，不用手拿食品，不用废纸、污纸包装食品。

（三）公共场所卫生质量管理工作

公共场所如大厅、卫生间等是客人来往最频繁的场所，它的卫生状况直接关系到客人对酒店的印象，店长应对公共场所的卫生质量管理工作制订一套管理制度加以规范化，如下例所示。

范例10

公共场所卫生质量管理制度

1.公共场所应符合国家相关卫生标准和要求，主要有空气、微小气候（温度、湿度、风速）；水质；采光；照明；噪音；客人用具和卫生设施等方面。

2.严格执行卫生部发布的《公共场所卫生管理条例实施细则》中的总则、卫生管理、卫生监督、罚则、附则等内容。

3.公共场所直接为客人服务的从业人员每年应进行一次健康检查，患有痢疾、伤寒、病毒性肝炎、活动期肺结核、化脓性或渗出性皮肤病以及其他有碍公共卫生疾病的，治愈前不得从事直接为客人服务的工作。

4.公共场所应做好以下卫生工作：

（1）公共场所环境复杂，应避免滋生虫害，避免其成为传播某些疾病的媒介。

（2）从业人员的健康状况与客人的健康状况是相互影响的，所以应严格做好从业人员的健康检查。

（3）对供应公众使用的器具，应严格执行消毒管理，杜绝因器具消毒工作没有做到位而传播某些疾病。

（4）公共场所室内人群集中，易使空气污浊，并传播疾病，所以应严格做好消毒和空气通风等工作。

（5）公共场所客人逗留时间短，存有依赖思想，对公共场所保洁的责任心差，容易使公共场所变脏、变乱。应随时做好公共场所的保洁工作，及时清理卫生死角，杜绝滋生虫害的可能。

（6）公共场所容易通过物件的存放或接触，产生相互污染，影响人们的健康。应严格做好公共场所物件的分类存放，分类管理工作，避免交叉污染。

5.酒店严格执行以下禁烟制度：

（1）员工在公共场所禁止吸烟，违规者按照《员工手册》处罚。

（2）酒店做好禁止吸烟的宣传教育工作。

（3）在禁止吸烟的公共场所内设置醒目的禁止吸烟标志。

（4）在禁止吸烟的场所内不放置吸烟器具，不得设置烟草广告。

（四）酒店员工健康检查及卫生知识培训

酒店员工直接面对客人，他们的健康状况直接影响客人的健康，因此，店长应对员工的健康检查，以及卫生知识培训工作制定专门的制度，如下例所示。

范例 11

××连锁酒店员工健康检查及卫生知识培训管理制度

（一）健康检查制度

1.直接为客人服务的从业人员，应定

随手札记

期进行健康检查，持有“健康合格证”方能从事本职工作。患有痢疾、伤寒、病毒性肝炎、活动期肺结核、化脓性或渗出性皮肤病以及其他有碍公共卫生的疾病的，治愈前不得从事直接为客人服务的工作。

2.每年3月、6月、9月、12月底安排下一季度健康证到期人员体检。

3.整理健康证到期人员名单，以发文形式通知各部门人员。

4.致电市卫生防疫站预约体检时间，按期到防疫站办理健康证。

5.体检结果出来后，把不合格人员名单交至人力资源部按规定处理。

（二）卫生知识培训制度

1.人力资源部于每月25日发出下月新员工卫生培训计划，经店长审批后，发各部门落实参加培训人员。

2.卫生培训计划应明确培训目的、培训内容、培训时间、地点、授课人、培训对象及考核时间，部门负责人应参照实际情况，保证计划的可实施性。

3.已在职的员工需每年集中进行两次卫生知识培训，强化卫生意识和卫生知识。

4.卫生知识培训考核不合格者，须参加人力资源部组织的补考，补考仍不合格者，扣罚当月浮动工资50元，并延长新员工试用期或在职员工的晋升考核期。

5.所有培训成绩存入员工个人档案中，作为该员工今后调整岗位、晋升、加薪时的参考依据。

七、每周工作小结

店长应在每周工作结束时，对本周工作做个小结，以便在下周的部门经理周例会上总结酒店的整体运营情况，如下例所示。

范例12

××连锁酒店店长一周工作小结

1.顺利接待完××公司在我酒店6月19～24日的会议，会议期间无投诉，客人对酒店各方面均反映良好，期间还与该公司负责人签署了××××年住房协议。

2.上周以回访为主，挖掘为辅，但效果反映均不良好，望酒店酌情考虑宣传彩页的制定，以便在外联系拜访时可以让客人对酒店有更直观的了解。

3.因财务经理称，酒店目前经营现状不适合挂账，故与各单位签署挂账协议计划延期。

4.上周酒店空调几乎是24小时开启，客人非常满意，只是反映房间被子太厚，枕头太高。

5.网络公司已将我酒店的网络信息更新。

6.6月22日晚因酒店停电，导致当日住店客人严重投诉，已安排销售部配合调解，现已与各旅行社商洽后考虑给部分旅行社赔偿、退款，具体赔偿金额待批。

7.已与各网络公司沟通多次，为后期争取客源，提升网络每日住房率。

8.必须加大外联力度，以酒店的餐饮和地理位置的优势，扩大宣传。

八、每周自我反思

店长在每周工作结束时，除了要做好

工作总结外，还应该进行自我反思。每周工作总结是针对酒店整体工作，而自我反思则是针对自己的。

因为店长是连锁酒店各项事务的最高负责人，他的工作主要是管理，也就是与酒店内外各级人员如酒店员工、客人等沟通交流，以完成酒店的工作。既然是与人交流，就难免会出现沟通不畅或是其他问题，例如某天同一位部门经理沟通时，过于急躁，以至于发生冲突，可能会伤害到该经理的自尊心。

店长应不断反思，将这些问题如实记录下来，寻求改进方法，避免在以后的工作中犯同样的错误。

表2-9　酒店店长每周自我反思

日期：

内容／星期	个人问题	解决方案
周一		
周二		
周三		
周四		
周五		
周六		
周日		

随手札记

一日工作安排与落实
一周工作安排与落实
月度工作安排与落实
季度工作安排与落实
年度工作安排与落实

管理心得

管理心得，其实是连锁酒店店长对自己个人工作的总结。可以是对某一个事件的看法，也可以是某一项工作的实施计划；可以是成功的经验，也可以是失败的教训。

我的周管理心得

已办事项	
未办事项	
待办事项	
通过这一周的工作，我最大的收获是：	

第三章

月度工作安排与落实

连锁酒店店长工作的事情多且杂，需要协调酒店各部门正常工作，如果工作没有做好，将会影响整个酒店的正常运转。

每个月的工作有常规的，也有突发的，店长要让自己做到忙而不乱、井井有条，就必须做好工作安排。

一、制订月度的工作计划

（一）月度工作重点指引

一年有12个月，每个月店长都有大量工作要做，如审查各类报表、巡视酒店、培训员工、参加各种会议等。为了使工作变得有条有理，店长可以制订月度重点工作表，将每个月重点要做的事情列在表上予以特别关注、优先处理，从而避免完全陷进日常琐事中。

表3-1是××连锁酒店店长的月度工作重点指引。

特别提示：

当然，你可以根据自己实际情况来编制一份自己的月度工作重点指引表。在编写中要仔细思考，所安排的这些工作是否符合实际情况，若不符合，要及时修改。

表3-1　月度工作重点指引表

月份	重点工作	备注
1月	1.组织完善酒店各项管理制度，编制部门计划 2.督促营销部做好春节期间的酒店营销工作 3.做好酒店年度预算工作	
2月	1.召开部门经理安全生产会议 2.督促人力资源部做好新员工招聘工作 3.对新员工进行入职培训指导	
3月	1.接待政府部门卫生检查 2.拜访本地几家大报社 3.总结酒店第一季度工作并制订下一季度工作计划	
4月	1.开展酒店安全大检查工作 2.检查并完善酒店服务项目	
5月	1.组织酒店管理人员培训工作 2.督促营销部做好劳动节与母亲节的营销活动 3.开展酒店内部促销活动	
6月	1.督促营销部做好儿童节、父亲节的营销活动 2.组织同行业市场调查活动 3.总结酒店第二季度工作并制订下一季度工作计划	

（续表）

月份	重点工作	备注
7月	1.建立酒店突发事件应急处理预案 2.检查并整理客人资料 3.接待大型团队客人	
8月	1.组织酒店优秀员工出省旅游 2.举行酒店周年庆祝活动	
9月	1.安排员工生日庆祝会 2.制订十一黄金周酒店接待计划 3.总结酒店第三季度工作并制订下一季度工作计划	
10月	1.全力组织酒店员工进行十一黄金周的客人接待工作 2.实施酒店设施设备管理新规定 3.开展节能环保工作	
11月	1.审查各部门本年度工作业绩 2.年度客人投诉处理情况分析	
12月	1.指导酒店各部门做好年终总结及下年度工作安排 2.做好酒店年终总结和下年度工作计划 3.对酒店管理层进行年终绩效考核	

（二）月度工作计划

店长确定了每个月的工作重点之后，就要具体制订每个月的具体工作计划。以下是××连锁酒店店长的月度工作计划，如表3–2所示。

随手札记

表3-2　月度工作计划

序号	工作内容	阶段目标	目标达成时间				责任人
			第一周	第二周	第三周	第四周	
1	检查康乐设施设备	修理或更换已损坏的设备	○				
2	抽查待售客房	确保待售客房都已清理完毕，且符合酒店标准		○			
3	收集客人意见表	根据客人意见改进酒店工作中不完善的地方			○		
4	参加新员工入职培训	向新员工仔细介绍酒店概况		○			
5	开展酒店安全设施大检查	检查出已损坏的安全设施，及时检修或更换		○	○	○	
6	准备本月工作总结和制订下月工作计划	了解本月酒店经营情况，对不完善的地方注意改进				○	
	……						

特别提示：

可以看出，该店长该月工作重点是酒店安全设施大检查。现在，你也可以根据自己的月度工作重点来制订一份月度工作计划表。

二、制订每月排班表

（一）制订排班表的要求

连锁酒店的工作是日夜不停的，因为随时都会有客人前来投宿。因此，酒店各部门必须做好每月的排班工作。一般来说，店长只负责制订高级管理人员，如各部门经理的排班表，各部门员工的排班情况由部门经理自行安排。

在制订排班表过程中，店长还要确定酒店每天的值班经理。店长不在酒店的时候，值班经理就是酒店最高负责人，因此店长应高度重视对值班经理的安排工作，一定要选择最合适的人选。

（二）制订排班表

店长可将排班内容填入表中，如表3-3所示。

表3-3 排班表

序号	姓名	日期 职位	1	2	3	4	5	6	7	8	9	10	…	30

三、酒店员工培训

酒店员工的培训工作一般由人力资源部主导，各部门经理配合进行。店长一般负责高级管理人员如各部门经理、主管的培训工作。还有，当新员工来到酒店后，店长要对新员工进行一定程度上的培训。

（一）新员工培训

店长对新员工的培训工作一般不涉及具体岗位工作内容，多半是向他们介绍酒店的基本情况，酒店品牌和文化，以及基本服务要求。

1.培训前讲话

在进行培训前，店长往往要对新员工发表讲话，代表酒店向他们表示欢迎，如下例所示。这番讲话非常重要，因为这是新员工听到的酒店最高管理者对他们的亲切问候。如果店长没有准备充分，导致讲话出现差错，极有可能对新员工的工作热情造成巨大影响。

随手札记

2.服务意识培训

酒店是服务行业，服务是酒店的核心价值。不论什么培训工作，都应重视服务意识培训。连锁酒店店长应在新员工来店时就对他们进行这方面的培训，使他们意识到做好服务的重要性并学会相关服务技能。服务意识培训内容如下例所示。

【范例13】

服务意识培训内容

一、SERVICE原则

S——Smile（微笑）：其含义是服务员应该对每一位客人提供微笑服务。

E——Excellent（出色）：其含义是服务员应将每一个服务程序、每一个服务细节都做得很出色。

R——Ready（准备好）：其含义是服务员应该随时准备好为客人服务。

V——Viewing（看待）：其含义是服务员应该将每一位客人看做是需要提供优质服务的贵宾。

I——Inviting（邀请）：其含义是服务员在每一次接待服务结束时，都应该显示出诚意和敬意，主动邀请客人再次光临。

C——Creating（创造）：其含义是每一位服务员应该想方设法精心创造出使客人能享受其热情服务的氛围。

E——Eye（眼光）：其含义是每一位服务员始终应该以热情友好的眼光关注客人，客人心理，预测客人要求，及时提供有效的服务，使客人时刻感受到服务员在关心自己。

二、服务意识的具体要求

1.服务仪表。

（1）微笑服务。态度要和蔼、热情、真诚、不卑不亢、大方有礼。

（2）经常修饰容貌。要做到勤理发、勤洗澡、勤修指甲、勤换衣服。

（3）酒店在员工通道入口处或更衣室都应设衣镜，每一位员工在进入岗位前都应对照检查一下自己的容貌。

（4）着装整洁。服务员要按照季节、场合，穿统一规定的工作制服。服装要洗涤干净，熨烫平整，纽扣要扣好。

2.服务言谈。

（1）遇见客人要面带微笑，站立服务，主动问好。如“您好”、“早上好”、“晚上好”等。

（2）和客人谈话时，与客人保持一步半的距离为宜；说话的语调要亲切、诚恳，表情要自然、大方，表述要得体，简洁明了。

（3）向客人提问时，语言要适当，注意分寸。

（4）在与客人交谈时，要注意倾听，让对方把话说完，不要抢话和辩解。

（5）客人之间在交谈时，不要趋前旁听，不要在一旁窥视，更不要随便插话干扰。

（6）对外来电话找客人时，一定要听清要找客人的姓名、性别、单位和房间，然后视情况转告。

（7）正确地称呼客人。

3.服务举止。

（1）举止端庄，动作文明，坐要正

直，不前俯后靠。

（2）在客人面前应禁止各种不文明的举动。

（3）在上班工作前，不要吃带有强烈异味的葱、蒜、韭菜等。

（4）在工作时，应保持安静，做到“三轻”，即说话轻、走路轻、操作轻。

（5）客人之间在地方狭小的通道、过道或楼梯间谈话时，服务员不能从中间穿行。

（6）对容貌体态奇特或穿着奇装异服的客人，切忌交头接耳议论或指手画脚，不能模仿讥笑。对身体有缺陷或病态的客人，应热情关心，周到服务，不能有任何嫌弃的表情和动作。

4.服务礼仪。

（1）在客房和餐厅的服务工作过程中，应严格遵照规格和礼宾顺序：

先客人、后主人；

先女宾，后男宾；

先主要客人，后其他客人。

（2）不要随意打听客人情况。

（3）不轻易接受客人赠送的礼品。

（4）客人从服务员身边经过时，一定要点头示意，客人离开酒店时，应主动欢送。

（二）管理人员培训

店长除了要参加新员工的入职培训之外，更主要的培训工作是对酒店高级管理人员如各部门经理、主管等的培训工作。一般来说，这些高级管理人员对服务意识相当熟悉，店长应将重点放在对他们管理技能的培训上，培训内容如表3–4所示。

特别提示：

店长虽然不负责酒店各部门具体的培训工作，但要时刻保持关注，并提供适当的指导。店长每个月听取一次各部门培训负责人对培训工作的汇报，以便对酒店的培训工作有清晰的了解。

随手札记

表3-4　管理人员培训内容

序号	培训课程	内容
1	本酒店的发展与理念	(1) 本酒店的发展和愿景 (2) 本酒店的经营理念 (3) 本酒店的组织结构和管理系统 (4) 本酒店的企业文化和核心价值观 (5) 本酒店的产品和服务的特点
2	本酒店的市场和销售政策	(1) 市场细分的重要性和必然性 (2) 市场细分与定位的方法和步骤 (3) 价格政策 (4) 开业销售流程 (5) 销售分析与计划 (6) 销售报表分析
3	前厅管理与运行标准	(1) 前厅服务营销理念 (2) 接待程序和要求 (3) 预定流程和管理 (4) 房态控制和排房技巧 (5) 夜间稽核 (6) 前台人员配置和评定 (7) 客人投诉处理
4	财务制度和规定	(1) 政府财政政策 (2) 基础会计概念 (3) 各类报表分析 (4) 经营预算和差异分析 (5) 酒店财务制度
5	质量管理体系和标准	(1) 现代酒店质量的定义 (2) 酒店质量管理的国际标准

(续表)

序号	培训课程	内容
5	质量管理体系和标准	(3) 酒店质量管理体系 (4) 酒店质量管理标准和实施方法 (5) 酒店质量管理的模式 (6) 客人投诉和质量管理
6	酒店培训体系	(1) 酒店培训体系 (2) 培训需求分析 (3) 培训计划和实施 (4) 培训评估 (5) 编制培训计划和实施方法
7	酒店安全管理	(1) 酒店业的安全相关法律 (2) 酒店消防与安全要求 (3) 客房钥匙管理 (4) 客人意外事件的处理 (5) 酒店突发事件的应急方案 (6) 消防和安全设备的使用方法 (7) 日常安全检查
8	国内外连锁酒店集团的发展	(1) 酒店业的发展历史和趋势 (2) 国内外连锁酒店的发展状况 (3) 连锁酒店集团的优势 (4) 连锁酒店信息共享的收益 (5) 国内经济型酒店的现状与发展前景
9	现代酒店营销管理	(1) 酒店的需求分析及对策 (2) 酒店客源市场的细分 (3) 酒店SWOT分析方法 (4) 酒店客源资料收集与分析方法

（续表）

序号	培训课程	内容
9	现代酒店营销管理	(5) 对竞争对手的分析方法 (6) 酒店目标市场营销战略选择 (7) 酒店价格制定方法与策略
10	酒店收益管理	(1) 收益管理的原理和方法 (2) 客房库存管理 (3) 价格折扣制定 (4) 住宿天数控制管理 (5) 收益管理相关公式 (6) 收益策略 (7) 市场细分 (8) 旺季策略 (9) 可供房控制策略 (10) 预测要素和数据
11	沟通管理	(1) 有效沟通的原理和原则 (2) 酒店组织沟通的有效方法 (3) 组织管理幅度对沟通的影响 (4) 非正式组织的沟通手段 (5) 人际沟通类型选择 (6) 酒店各部门间沟通协调的必要性 (7) 导致沟通成功或失败的原因 (8) 有效的人际沟通障碍 (9) 对员工冲突问题的处理方法 (10) 对客人意见和投诉的处理方法
12	品牌管理	(1) 现代品牌的含义与发展 (2) 品牌资产的价值 (3) 品牌识别概念与企业识别

（续表）

序号	培训课程	内容
12	品牌管理	(4) 品牌定位 (5) 优化品牌识别系统 (6) 品牌传播要素及策略 (7) 品牌设计方案及风格个性体现 (8) 品牌评估的方法及模型 (9) 品牌评估系统及应用
13	领导艺术和科学	(1) 领导的定义和功能 (2) 领导的类型及其效应 (3) 领导艺术及其心理依据 (4) 领导特征与能力的来源 (5) 如何选择领导方式 (6) 树立酒店的价值观念 (7) 酒店店长的工作框架和角色
14	法规与国际惯例	(1) 酒店法的产生和发展 (2) 酒店法的基本内容和作用 (3) 酒店与有关业务部门之间的相互权利与义务 (4) 现代酒店的义务与权利 (5) 其他相关法律和法规
15	酒店工程设备维护管理	(1) 酒店工程设备维护的职责 (2) 酒店能源费用的分类和比例分析 (3) 工程设备维修与设备更新 (4) 工程设备维修的工作程序 (5) 工程设备维修的工作评价 (6) 工程设备维修保养计划 (7) 工程设备维修费用预算

四、征求客人意见与建议

客人是酒店服务的直接消费者，最能发现酒店服务中的缺陷，因此对服务产品也最有发言权。要提高酒店的服务质量，征求客人的意见非常重要。

（一）设置客人意见表

为了及时征求客人对酒店各项服务的意见，连锁酒店店长可在前台设置意见卡，如下例所示。连锁酒店店长要注意对意见表进行管理，不能放在那里不闻不问。管理过程中应注意以下几点：

（1）客人意见卡的设计应简单易填，且项目不宜太多，以免引起客人反感。

（2）统一编号、禁止乱撕乱扔，并以此作为考核酒店各部门员工工作好坏的重要依据。

（3）由于客人意见涉及酒店服务员的工作质量，因此具有一定的保密性，为了防止对不利于自己的意见进行“截留”，可将客人意见表设计成自带胶水、可由客人自行密封的折叠式信封状表格。

【范例14】

客人意见卡

1.接待	满意	一般	不满意	2.客户服务	满意	一般	不满意
（1）大堂副理	□	□	□	（1）洁净	□	□	□
（2）接待处	□	□	□	（2）设施	□	□	□
（3）行李员	□	□	□	（3）服务	□	□	□
（4）询问处	□	□	□	（4）洗衣	□	□	□
（5）电话员	□	□	□	意见：______			
（6）结账处	□	□	□				
意见：______							
3.餐厅	满意	一般	不满意	4.康乐	满意	一般	不满意
（1）一楼餐厅	□	□	□	（1）游泳池	□	□	□
（2）二楼餐厅	□	□	□	（2）卡拉OK	□	□	□
（3）西餐咖啡厅	□	□	□	（3）桑拿健身	□	□	□
意见：______				（4）桌球室	□	□	□
				（5）三楼餐厅	□	□	□
				意见：______			
5.阁下订房是通过				6.阁下为何选择本酒店			
（1）直接向酒店办理	□			（1）以前住过	□		
（2）旅行社办理	□			（2）酒店声誉	□		
（3）单位介绍	□			（3）他人推荐	□		
（4）参加会议	□			（4）广告	□		
（5）其他途径	□			（5）其他原因	□		

（续表）

<table>
<tr><td>7.对酒店总体评价
　　　　　　　　满意　一般　不满意
（1）卫生清洁　☐　☐　☐
（2）服务态度　☐　☐　☐
（3）维修保养　☐　☐　☐
（4）收费标准　☐　☐　☐
（5）总体评价　☐　☐　☐</td><td>8.阁下对酒店的其他意见和建议
____
____
姓名：__________
房号：__________
入住日期：__________
通信地址：__________</td></tr>
</table>

（二）直接向客人征求意见

连锁酒店店长可以定期或不定期地拜访客人，了解客人的需求，从而及时发现酒店服务中存在的问题，进一步制订和修改有关计划。除了在前厅设置客人意见表以外，为了激励员工为客人提供更加优质的服务，还可在前厅放置一张针对服务员的“表扬卡”，对于收到表扬卡的员工，酒店店长以某种特殊的方式进行表扬或奖励，使其成为其他员工学习的榜样。

（三）利用信息网络征求客人意见

以上两种方式都是在顾客住店期间使用。事实上，酒店还可以在客人离店以后征求意见，方式有寄送信件、发送电子邮件（e-mail）、利用即时通信软件如QQ、MSN等。

1.寄送信件

如果客人在登记信息中留下住址或工作地址，且允许酒店向其寄送信函，酒店应在客人离店后于恰当时间内向其寄送意见表信函，征求他们的意见。客人收到信函后，往往会感到酒店对自己的特殊关注，这样不仅能得到客人的意见，还能提高他们成为回头客的几率。

2.即时通信软件

酒店一般会有自己的QQ群，若客人在入住登记时留下了自己的QQ号或者

随手札记

MSN号码，且同意酒店加其为好友，酒店可以通过QQ或MSN对话来征求客人意见。

3.发送电子邮件（e-mail）

在现代社会，电子邮件已经成为一种必不可少的沟通工具，它的使用频率甚至已经超过了日常信函，尤其是对经常入住酒店的商务人士来说，电子邮件就是他们的工作伙伴。如果客人留下了自己的电子邮件地址，且允许酒店向其发送电子邮件，酒店便可安排在客人离店后向其发送电子邮件，征求他们的意见。

无论是采用寄送信函方式，还是电子邮件方式，因为客人已经离店，可能会有比较充分的时间来回答问题。因此，用这两种方式发送的意见表应详细一些，更有针对性一些，如下例所示。

五、例行会议管理

连锁酒店店长会多是有名的。每年酒店店长都需要主持或参加酒店内外各种大大小小的会议。

【范例15】

客人意见调查问卷

欢迎你光临我们的酒店。我们很高兴有机会使你和我们在一起对我们来说，非常重要的是我们能为你服务好。你是能告诉我们已经成功了还是尚未成功的人。我们重视你的评论和想要知道哪些事情我们做好了，哪些事情我们还需要改进。你能让我们知道吗？我必须确信我们的服务是做得最好的。我们需要你帮助我们来提高你所期望的服务。

1.请对我们酒店总体评价一下好吗？

□优考　□良好　□一般　□尚可　□差

2.你是如何进行预订的？

□这家酒店的销售部门　□团体预订　□使用网络

□住宿介绍所　□旅行社　□其他________

3.当你来到酒店时，酒店保存的有关你的预订信息是否正确？

□是　□不

如果回答是“不”，请指出下列信息中哪些是不正确的。

□名字不正确　□价格不正确　□地址不正确　□团体规模不正确

□到达日期不正确　□没有预可记录　□离开日期不正确　□其他________

□所要求的客房类型没有满足

4.请你对下列各项评价一下好吗？	优秀	良好	一般	尚可	差
进店手续办理速度	□	□	□	□	□
在你住店期间你客房的干净和服务	□	□	□	□	□

离店手续办理速度	□	□	□	□	□
客房价格与价值比较	□	□	□	□	□

你客房每夜的房价 ____________________

5.请你对我们酒店员工的服务态度在总体上评价一下好吗?

□优秀　　□良好　　□一般　　□尚可　　□差

请从他们是否提供友好服务这方面评价下列各岗位员工。

	优秀	良好	一般	尚可	差
销售代表	□	□	□	□	□
前台接待员	□	□	□	□	□
客房服务员	□	□	□	□	□
电话接线员	□	□	□	□	□
工程部员工	□	□	□	□	□
前台收银员	□	□	□	□	□
行李员	□	□	□	□	□
公共区域服务员	□	□	□	□	□

6.在你客房里所有下列设备都处于良好状态吗?(工程项目)

□是　　□不

如果你指出“不”,请指出下列所有有问题的设备。

□客房空调　　□浴室水管装置　　□客房暖气　　□电视机

□浴缸排水　　□电视接收　　□洗脸盆排水　　□灯

□水温　　□门锁　　□水压　　□窗帘

随手札记

7.在你客房里所有下列项目是否都处于良好状态?

□是 □不

如果你指出“不”，请指出下列所有有问题的项目。

□灯泡 □电话 □钟/收音机 □闭路电视

□其他______________________

8.你以前在这家酒店逗留过吗? □是 □不

9.如果你再到这一地区来，你愿意再到这家酒店来吗? □是 □不

如果你指出“不”，请指出不再来的原因。

□其他的旅馆更加方便 □餐厅质量 □客房的质量

□会议室质量 □服务质量 □价格

□其他______________________

10.关于你逗留的其他评论：______________________

____

请用印刷体填写下列信息

到达日期：______________ 离开日期：______________

停留长度：________天。 房号：______________

□先生 □太太 □小姐 □女士

姓名：______________

地址：______________

商务电话：______________ 地区电话号：______________

非常感谢你的回答，你的评价将创造不同。

据统计，美国许多酒店的店长，平均每年必须参加300次左右的经营管理会议。也就是说，酒店店长平均每个工作日都必须至少参加1次以上的会议。

中国连锁酒店的店长，参加的会议就更多了，参加会议太多会影响工作，但不参加会议又不能开展工作，店长必须自己找到两者之间的平衡点。因此，提升会议的效率和对会议进行管理才能达到目标。

（一）酒店常见的会议

店长对自己应参加或主持的会议必须非常清楚，以免需要开会时忘记做好准备，连锁酒店常见的会议如表3–5所示。

（二）会议管理注意事项

1.精心组织安排

除了紧急、临时工作会议，酒店会议一般都要有个计划安排。要将会议的时间、地点、出席人员、中心议题都提前通知与会者。要求他们在会前对所需讨论研究的问题有个思考和准备，这是提高会议效率的有效手段。

表3-5　连锁酒店常见的会议

序号	会议名称	内容
1	酒店发展规划会议	一般由酒店管理层参加，主要研究有关酒店的发展目标、经营战略、经营方针；酒店的财政预算和成本费用的控制；酒店对市场的调查和研究，讨论制定市场营销和公关方面的策略；酒店未来规划、发展多元化经营的可能、思路和设想等
2	月度预算反馈会议	各部门经理以及各经营部门的经理，都是依据预算报告中的计划目标组织安排工作的。前厅部、餐饮部等部门经理每月要将各部门完成预算的情况以文字数据形式报告店长。店长每月对整个酒店及各部门的预算完成情况进行评述，并及时召集有关方面进行研究讨论，促使经营状况良性循环
3	月度销售会议	店长参加的每月一次的销售会议，主要讨论的内容是：上月客情、客人投诉情况、客源与上月差异的比较，以及与上个月入住率的比较，并且分析下个月应做什么、怎么做，还要注意些什么问题等
4	沟通协调会议	需要店长进行的沟通和协调方面的会议，一般是在酒店实施运转中，各部门在具体运作时，发生的一些工作中的矛盾和问题。除此以外，沟通方面的会议还包括，将酒店经营发展的重大战略和决策、经营方针、目标和方向告知全体员工，酒店经营情况的通报，对客服务质量和客人投诉、表扬情况的反馈，以及一个时期下来对全体员工通报酒店有关情况等
5	市场和经营情况讲评会议	由店长主持，各部门经理参加。每月初召开，主要内容由营销经理和财务经理分别分析讲评上月酒店的市场营销情况和经营情况，最后由店长小结，提出本月市场营销和经营管理方面的侧重点

随手札记

（续表）

序号	会议名称	内容
6	质量分析讲评会议	由店长主持，大堂、质检、安全、设备、卫生、纪律等职能部门负责人参加，通报上月这些方面的质量检查情况，进行质量分析。会议的目的是鼓励先进，表扬质量工作做得好的部门和个人，提出分析每月质量工作中的薄弱环节，提出、改进质量工作的措施和办法，以不断提高酒店服务质量
7	临时会议	酒店的日常运作中，有时会遇到突如其来的问题需要及时解决，这时需要店长的果断决策和应急处理。有时，也会安排临时协调会议，召集有关方面讨论解决。店长召集临时会议有几种情况 （1）当会上某一部门提出的问题涉及其他部门的事情，这时就需要在晨会以后，临时将涉及的部门经理留下来，开个临时协调会，以帮助协调解决问题 （2）紧急停水、停电、停气以后的服务工作安排和员工生活安排，需要临时召集有关方面，临时开会研究对策，度过紧急时期 （3）店长对酒店改进服务质量以及服务规格标准上的新举措、新设想，需要召集有关方面讨论研究，而临时召开会议等
8	培训工作会议	店长要每月召开一次各部门培训负责人工作会议。在会上，店长要与培训人员一起讨论研究每月的培训工作情况，分析培训工作的进展，交流培训工作的经验和心得，研究培训工作中出现的问题，讨论安排并布置下个月工作的计划、重点，提出培训工作的要求和注意事项等

2.会议的控制

（1）店长要掌握好、控制好会议的气氛，尽量让参加会议人员都发表意见和看法。

（2）店长还要控制会议的议程，要做到每次会议都有能使大家集中精力讨论会议议题。

特别提示：

除了上午的工作指令会外，酒店内部会议一般安排在14:00～16:00较妥当。这是酒店管理和服务中相对而言比较宽松的一段时间。

3.讲究实际和时效

要解决实际问题，有话则长，无话则短。酒店的日常运转，由店长通过酒店的例会，让各部门接受工作指令并贯彻、解决、落实、检查、执行。但是，不是所有的事情都是通过会议来落实，店长在工作中遇到的一些事情，在职权范围内的，店长可独立解决，事后汇报；不在职权范围内的，店长可以临时召开5分钟或10分钟会议，商量解决办法，及时处理掉。例会主要是解决通常共性的一般问题，多用于通报情况和信息、总结回顾工作、研究有规律性的问题。

4.会议要有结论

每次会议结束时，一定要有一个短小精炼的小结，对所研究讨论的每个问题都要形成一个决定性的意见。每次会议都由记录员认真记录，会后要整理会议纪要，下发有关部门具体贯彻执行会议所作出的有关决定。会议纪要要存档。

六、成本控制工作

酒店成本控制是指按照成本管理的有关规定和成本预算要求，对成本形成的整个过程的每项具体活动进行监督，使成本管理由事后算账转为事前预防性管理。对酒店店长来说，成本的控制应成为他每月的核心工作，因为这直接关系到酒店的最终收益。

（一）成本控制方法

要想做好成本控制工作，店长首先要清楚有哪些控制方法。常用的控制方法如表3-6所示。

表3-6　常用控制方法

方法	内容
预算控制法	预算控制法是以预算指标作为经营支出限额目标；预算控制即以分项目、分阶段的预算数据来实施成本控制
主要消耗指标控制法	主要消耗指标是对酒店成本费用有着决定性影响的指标，主要消耗指标控制，也就是对这部分指标实施严格的控制，以保证成本预算的完成

随手札记

（续表）

方法	内容
制度控制法	这种方法是利用国家及酒店内部各项成本费用管理制度来控制成本费用开支。成本费用控制制度还应包括相应的奖惩办法，对于努力降低成本费用有显著效果的要予以重奖，对成本费用控制不力造成超支的要给予惩罚
标准成本控制法	标准成本是指酒店在正常经营条件下以标准消耗量和标准价格计算出的各营业项目的标准成本作为控制实际成本时的参照依据，也就是对标准成本率与实际成本率进行比较分析。实际成本率低于标准成本率称为顺差，表示成本控制较好；实际成本率高于标准成本率称为逆差，表示成本控制欠佳
目标成本控制法	目标成本是指在一定时期内产品成本应达到的水平，据以作为成本管理工作的奋斗目标。产品目标成本=产品有竞争力的市场定价−企业目标利润

（二）人工成本的控制

在连锁酒店经营管理中，人工成本是影响利润的重要因素之一。随着旅游市场的发展，商务活动的活跃，客人品位的提高，酒店对从业人员的文化水平、业务素质等要求将越来越高，因此人力资源成本在营业收入中所占的比例也将呈现不断增长的趋势。由此可见，控制好人力资源成本，对于酒店获得最大的利润回报和健康的发展具有十分重要的作用，如图3-1所示。

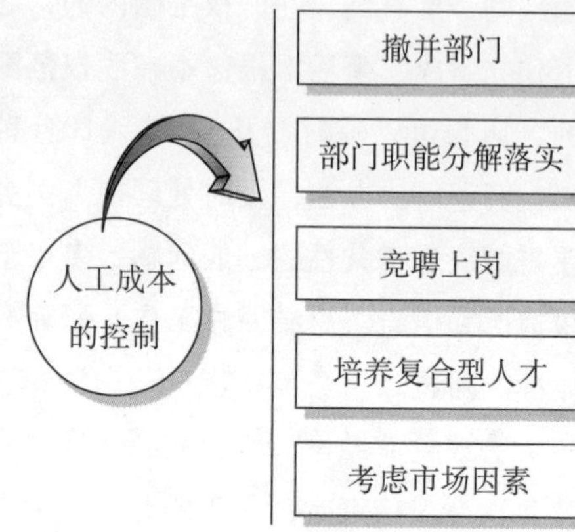

图3-1　人工成本的控制

1.撤并部门

一些功能重合或关联比较大的部门，该撤的撤，能合并的尽量合并。比如将采购部归口到财务部、培训部划归人力资源部等。

2.部门职能分解落实

酒店内的一个部门，究竟有多少事，需要多少岗位来承担，店长应通过与部门经理的共同洽商，把编制与人数确定下来。工作量不足的，可以合并岗位，但要以客人为中心，不能随意并岗。

3.竞聘上岗

竞聘上岗使每个人的命运不在领导的脑子里，而确确实实就掌握在员工自己手中。这激发了员工的危机感、紧迫感和竞争感，员工的工作积极性提高，形成精简高效的运行机制。

4.培养复合型人才

现在许多酒店因分工过细，致使员工的工作技能单一，不利于员工的调配，造成工作时忙得“累死”，闲得“闷死”的不合理状况。这样，工作任务重的员工容易产生思想情绪的波动，从而影响工作效率和服务质量；而那些工作任务不饱和的员工又容易“无事生非”，发生违规现象。因此，店长要大力开展一专多能活动，广泛进行同一部门内部和不同部门之间不同岗位的交叉培训，培养复合型、多用途的人才，从而最大限度地发挥人力资源的优势。

所谓一专多能，就是要求员工除了熟练掌握一门专业技能之外，还要掌握本部门其他岗位的基本操作技能，比如：前台接待员掌握商务中心或总机的服务技能，中餐服务员掌握西餐服务和酒吧服务的技能、楼层服务员掌握PA的操作技能等等，甚至员工能够掌握其他部门的服务技能，比如：前台接待员掌握餐厅服务的技能，后勤人员掌握楼层服务技能等等。这样，才能够最大限度地发挥人力资源的优势。

5.考虑市场因素

酒店市场的变化对人工成本的影响也非常大，尤其是旅游的淡旺季，店长应充分考虑到这些因素，具体如表3-7所示。

（三）能源成本控制

能源主要指酒店使用的水、电、煤、油（重油、轻油）、气等。店长需通过下列措施来落实能源成本控制：

1.制定管理制度

有效的能源成本控制离不开一套有效的管理制度，店长要根据酒店的实际情况制订合理的管理制度。

2.建立科学、严格的能耗标准

能源管理制度主要提供管理依据，店长还需与工程部协商制定合理的能耗标

随手札记

表3-7　市场因素

因素	内容
要考虑旅游淡旺季	这是旅游型酒店必须充分注意的问题，应在淡旺季之间寻找一个最佳的切入点，即保证旺季员工不因无休止的加班而造成身心疲惫，降低服务质量；又防止淡季员工过“剩”而无事可做，浪费人力资源
要考虑客源结构	不同的客源结构有不同的特点，这些特点对酒店的人力资源安排具有重要的参考价值。旅游团队接待入住登记简单、白天基本不在酒店、晚上回店时间较晚、服务要求相对少。商务客人自身综合素质高，注重身份显示，在意所受到的重视程度，讲究服务的周到细致。会议客人报到登记复杂，长时间在酒店逗留，临时要求多
要考虑客源成分	中国台湾、香港、澳门，韩国及东南亚地区的客人注重旅游的数量，因此大部分时间都消耗在旅游项目上，实际在酒店的时间不多；欧美地区的客人则注重旅游的质量，相对而言不愿意在旅游景点之间疲于奔波，因此晚上在酒店的时间较多

准，以方便酒店员工按章遵守，如下例所示。

【范例16】

××连锁酒店能耗标准

一、节能方面

1.长时间离开工作岗位时，及时随手将灯、空调等一切不在使用中的电器设备电源开关关闭至“OFF”，切断电脑主机总电源。

2.空调设定温度与室外温度的温差不大于7℃。

3.进入夏季时，客房室内温度设置应为24℃。

4.将预订房间提前开启空调的时间缩短为30分钟。

5.夏季，室外温度低于33℃时，室内外温差控制在7℃～9℃内，当室外气温高于35℃时，室内环境温度应控制在26℃以下。

6.在餐厅闭餐后30分钟内关闭营业区域内的空调。

7.杜绝过水洗菜、过水化冰（长流水现象）。

8.降低照明负荷，根据实际情况调整写字楼的照明，目前计算写字楼8～11层照明的总功率为3320W。

9.在不影响照明的前提下，调整客房电梯间的节能灯数量。

10.在夏季调整供应生活热水温度。水温度控制在42℃～45℃，水箱温度控制在50℃左右。

11.制冷机工作时间设定为：非高温时期：6：00～9：00，11：00～14：00，16：00～1：00；高温时期14：00～16：00，特殊时期24小时连续制冷，冷冻水温度设定为14℃，温差控制在2℃停机状态。

12.夏季可充分利用制冷机热回收功能，保证生活热水的使用，为酒店节省能源开支。

13.空调主机维护：及时对空调主机冷凝器、蒸发器管道进行专业清洗。由于水质过硬，结垢十分严重，导致冷热交换比例降低，从而压差增大，制冷效率降低，能耗增高，如及时清理会提高换热率30%~40%。即现在如需1小时可达到制冷效果的房间会提高为40分钟左右达到温度要求，这能够大大节约酒店的能耗。（按空调系统制冷费用780元/小时计算，可节省开支约260元/小时，并能缩短运行时间，延长使用寿命。）

二、保养维护方面

1.每月保证冰箱、冷库制冷机的冷凝器的及时清理，检查压缩机的排放压力，确保冷媒循环无泄漏，并保持在正常水平。

2.每年4月或10月初对空调主机维护，及时对空调主机冷凝器、蒸发器管道进行清洗。

3.提高工程部人员的岗位技能，对设备操作人员要求做到：会使用、会维护、会检查、会排除故障。提高万能工的工作技能，并立志向这方面培养人才。

工作重点是加强对设备的预防性保养和维修，加强设施设备的巡检，以防患于未然。

特别提示：

店长应鼓励员工提出节能的合理化建议，因为员工是酒店能源的直接使用者，他们的建议往往具有很强的实用性。同时店长要在日常培训工作中反复宣传、灌输节能观念，让酒店所有员工知道节能的重要性，促使他们在日常工作中按照酒店的节能制度和标准做好节能工作。

（四）物料消耗控制

连锁酒店物料消耗控制的涵盖面相

随手札记

当广泛，可以说品类一应俱全。店长对物料成本控制的基本原则：统一采购、统一保管、统一使用、落实到人，如图3-2所示。

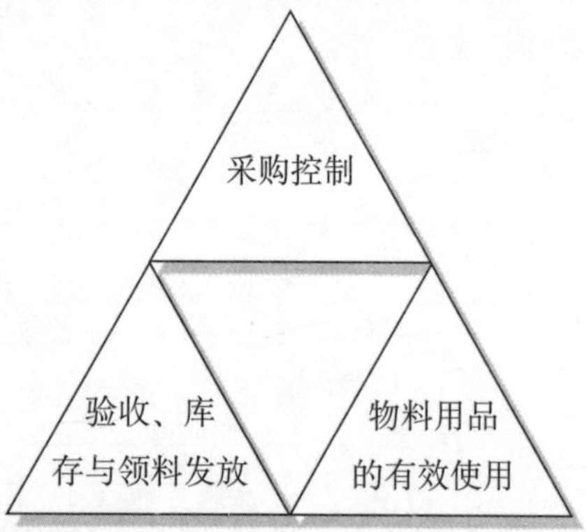

图3-2　物料消耗的控制

1.采购控制

采购对酒店的物料成本控制非常重要，采购价格过高很容易导致抬高物料成本，价格过低则容易降低酒店服务品质，因此，店长要通过制定统一的采购制度、货比三家、经常性核价与比价、直接联系厂家、争取价格优惠、保证物料质量和用途对口等措施进行控制。

店长应制定合理的采购管理制度，要求酒店各部门按照该制度开展采购工作，如下例所示。

【范例17】

××连锁酒店采购制度

为搞好酒店的采购工作，保证优质廉价的供应，确保经济指标的完成，以及防止一些不良倾向的发生，特制定本制度。

一、酒店采购部

1.采购部是酒店采购工作的专业部门，酒店所需物品原则上均由其统一购买，其他部门只有参与监督、支持配合权，未经店长同意不得擅自采购。

2.所有采购活动必须遵守国家有关法令、法律和法规。

3.相关人员在采购、收货的过程中，必须遵守商业道德，努力提高业务水平，适应市场经济的发展要求；讲究文明礼貌，遵纪守法；以酒店利益为主，相互监督，相互配合，共同把关。

二、采购工作基本要求

1.所有采购项目均需酒店店长签批授权、财务部批准同意。

2.所有采购物品均需比较至少三家的价格和品质，月结类物品每月每一类至少有三家供货商提供报价单。

3.采购员须对自己采购物品的价格、品质负责。

4.采购员须每月通过电话、传真、外出调查、接待厂商等方式，获取酒店使用的各类物品的主要品种的价格信息并整理成价格信息库，以书面形式汇报给酒店财务部及公司。

5.所有供应商的名片、报价单、合同等资料以及样品采购部须登记归档并妥善保管，有人员变动时须全部列入移交。

6.采购时间要求：一般物品采购时间为3～5天，急用物品第二天必须采购回来，印刷品、客房一次性用品、布件等使用部门须提前一个月下单采购。

7.采购部禁止采购任何未下申购单的物品，否则财务部将不予以报销。

8.禁止使用部门自行采购物品或私自与供应商洽谈采购事宜。

9.采购部负责跟进各协作厂商的货款及时签批支付事宜，对到期的应付账款，酒店应及时支付，以建立酒店良好形象，维护酒店财务信誉，同时也为日后的采购工作提供便利。

三、采购岗位职责

1.了解各部门物品需求及各类物品市场的供应情况，掌握财务部对各种物品的采购成本及采购资金的控制要求，熟悉了解各种物品的采购计划。降低物资食品采购成本，为酒店提供价格合理、质量好的各类物资及食品。

2.了解部门和仓库各类物品的消耗情况和库存物资动态，会同有关部门根据实际经营情况，合理、科学地根据采购计划，对各种物品进行价格调查。

3.搜集市场上各类物资的价格信息，做好资料的存档工作；积极配合搞好物资食品保管工作，做好物资平衡工作，及时处理呆滞物资，加速物资周转。

4.大宗用品或长期需用的物资，根据核准的计划可向有关的工厂、酒店、商店签订长期的供货协议，以保证物品的质量、数量、规格、品种和供货要求。

5.主动协调与酒店内其他各部门的关系，经常倾听使用部门对物资采购工作的意见，及时改进采购工作。

6.协助客房仓库做好物资的验收工作，对质量不合格和价格不符的产品给予退换货工作。对食品原料进库前，要严格验收，注意食品的生产期，不进保质期已过一半的食品，确保食品原料的新鲜度。

7.与有关供应商做好积极的沟通，保持良好的合作关系。

8.严格执行酒店财务制度，遵纪守法，不索贿、不受贿，在平等互利的原则下开展作业。

四、采购流程

1.酒店采购大型设备、家具、电器等固定资产时：

（1）根据酒店对物品的需求，填写“申购单”呈本部门经理审批。

（2）“申购单”需经部门经理、采购经理、财务经理及店长签名后方可生效进行采购。

（3）采购员在实施采购时，要参考

随手札记

市场行情及过去采购记录或厂商提供的资料，需精选三家以上的供应商进行询价、比价，经分析后议价并实施采购。

（4）在验收设备时，采购员必须会同酒店相关负责人及仓管部人员共同对设备进行验收，验收内容包括：设备名称及规格、数量、单价、保修说明、出厂日期、设备使用年限、生产厂家等。

（5）验收无误后，三方在报销单据上签字确认，并将设备交付使用。

（6）采购员持签字后的报销单据，到财务部办理报销手续。

2.酒店采购肉类、海鲜、蔬菜、调料、酒水、香烟等原材料和库存商品时：

（1）根据当日需求，填写"每日购货单"，经由厨房部相关负责人开单后，交由驻店采购员进行采购。

（2）在采买过程中，食品浮动单价大于5元以上的食材，均需报至厨师长，待其同意后方可购买。

（3）在办理验收入库时，采购员必须会同仓管员、厨房部负责人共同对货物进行验收。验收内容包括：进货数量、单价、质量等。

（4）验收无误后，三方在入库单上签字确认，并及时办理货物的直拨或入库。

（5）采购员持签字后的报销单据，到财务部办理报销手续。

3.酒店实施日常的零星采购时

（1）申购部门负责人必须事先到仓库咨询有无存货，若有存货时，取消采购计划；若没有存货时，要填制物品申购单，报相关负责人审批。

（2）店长批准并签字后，必须及时通知采购员实施采购。

（3）采购员持签字批准的物品申购单（附请款单）到财务部办理领款手续。

（4）采购员在采购过程中，必须本着货比三家的原则实施采购。

（5）在办理验收入库时，采购员必须会同仓管、申购人共同对货物进行验收。

（6）验收无误后，三方在报销单据上签字确认，并及时办理入库。

（7）采购员持签字后的报销单据，到财务部办理报销手续。

2.验收、库存与领料发放

这一程序需要注意：购货前样品由使用者确认，但使用者不允许直接参与洽谈；库房独立验收，验收时应注意下列事项：

（1）无论是供应商或是采购回的物品都必须先验收再入库，由库房根据申购单验收货物，不允许直接将货物交与使用部门。

（2）对于不符合采购申购单的货物，库房人员有权拒收；供应商或采购员办理入库验收手续后，仓管应开入库单，并将入库单客户联交采购员或供应商办理结算手续。

（3）仓管在验货过程中如对物品的质量、规格等难以确认，应主动请使用部门一起验收。

（4）在验收过程中，仓管或使用部门有权对不符合要求的物品提出退货要求，经确认实属不符的由采购员或供应商办理退货手续。

（5）购买、收货和使用三个环节的

相关人员要相互监督、相互合作、共同做好工作，对于有争议的问题应各自向上级报告，协调解决。

3.物料用品的有效使用

店长应督促各部门有效使用物料用品，尤其是餐饮部，每天要消耗大量食材，店长应时常抽查餐饮部的采购、验收与领料等工作，严格要求他们按照酒店标准使用好物料，杜绝浪费。

（五）实施低成本战略措施

实施低成本战略措施，如表3–8所示。

表3-8　实施低成本战略的措施

序号	措施	内容
1	加强思想教育	随着时代的变化，如今成本控制的观念已不是仅提出“节约光荣、浪费可耻”的道德口号就能奏效的。对酒店店长而言，这是必须做到的一种责任。加强思想教育与养成节俭风气的区别在于：先有责任、后有道德;先负激励（罚），后正激励（奖）;先有制度与标准，后有好人好事好思想
2	组织建设	实施低成本战略必须建立、完善控制组织网络。店长要从科学、实用、有效控制出发，形成方位全、层次明、职责清的组织网络
3	制度建设	酒店成本控制过程中的基本制度有：报销制度、采购制度、领料制度、审批制度、安全制度等。酒店店长应注意这些制度的建设工作，并要求员工落到实处
4	全过程成本控制	酒店成本控制的一般运作模式为：预算（决策）→目标（指标）分解→动态中的营运分析、控制与调整（含相关指标、数据及相应跟进的措施）→财务评估与客人评估→店长评估→考核及奖惩→制订新的目标，完善规章制度→争取客人更好的评价和更佳财务效果→年终审核、评议

随手札记

（续表）

序号	措施	内容
5	尽可能地推行全部直接成本法	这种办法即把人工、税金、个人用品、工作餐、工作服、餐具等列入成本，把水、电、煤、工程维修、收银及一切后勤二线的内容均计入成本，单独核算
6	划分核算部门	即以经营利润率（或营业费用）来考核各部门

特别提示：

店长要尊重员工的创造性和积极性，多鼓励员工参与成本控制，关键还在于有效落实各种奖励办法，使成本控制成为酒店所有员工一致的自觉行为。

店长的低成本运作策略要与观念进步、制度建设、标准化管理、市场营销、客人满意、员工激励、企业文化建设结合起来。店长不应仅仅把它看成是财务工作的一个项目，而是一项综合性的系统工程。

连锁酒店的任何活动都涉及成本，都应在成本控制的范围之内。任何成本都是人的某种行为的结果，只能由参与或者有权干预这些活动的人来控制。任何成本控制方法，其实质都是设法影响执行行为或有权干预行为的人，使他们能够做到自我控制。所以，每个员工作为执行行为人都应负有成本责任。成本控制是全体员工的共同任务，只有通过全体员工协调一致的努力才能完成。

（六）成本控制对员工的要求

1.具有控制成本的愿望和意识，养成节约成本的习惯

如：客房服务员整理客房时，本着节约的原则，在不降低清洁效果的前提下，合理、经济地使用清洁用品；积极参与酒店资产维护保养工作，尽量延长酒店的家具、用品的使用寿命，降低酒店维修费用，减少重置资产开支。

又如：迷你吧内摆放的酒水、食品本身有一定的保质期，服务人员要随时进行检查，必要时进行迷你吧物品的调剂，使酒水、食品在保质期内得以充分耗用，将迷你吧报损率降到最低，努力节约迷你吧成本。餐饮的成本控制工作是酒店日常经营中的焦点问题，厨师的成本意识又是此焦点中的一个重要影响因素。厨师不仅要使原材料得以合理使用，原材料的边角也要充分利用，并设法做出令人啧啧称赞的美食来。将成本降到最低点应是我们不懈的追求和应尽的职责。

2.培植团队精神

成本控制工作是一项酒店员工集体参与的工作，涉及工作环节中的每位员工，需要每个员工的积极配合，需要团队精神。如：酒店的某个水龙头坏了，水在流

失，急需维修。有的员工的态度是事不关己，高高挂起，视而不见；而有些员工则会马上通知工程部进行维修，在维修人员到来之前，宁愿牺牲自己的时间，采取各种措施使水的流失量降到最低，为酒店节约能源费用。此事虽小，但客观反映了一个员工的成本意识和责任心。控制成本工作需要酒店每位员工的积极不懈努力和相互之间的配合，把成本控制做到每项工作的各个环节之中。

3.正确理解和使用成本控制信息

酒店成本涉及酒店的各个方面，环节繁杂，工作难度大，与每位员工息息相关，因此我们有义务让每个部门了解酒店的经营状况、部门成本费用支出情况，使各部门了解本部门的相关成本开支，准确掌握本部门的成本信息，努力做好成本自控工作。关心本部门的成本开支是做好部门成本控制工作的第一步，必须密切关注，做到心中有数。

七、月度员工绩效考核

（一）绩效考核的作用

绩效考核是对员工工作成绩的考核，是店长的重要工作之一。一般来说，酒店每月月底都会进行月度绩效考核，到年底时又要进行年度绩效考核，有些酒店还要进行季度考核。每家酒店情况不同，店长要根据酒店实际情况作出适当安排。

绩效考核的作用如图3–3所示。

考核是确定奖惩的重要依据 → 每位员工都希望上司能公正地评价自己的工作表现和工作能力，以满足其物质和精神的要求。通过酒店员工的考核，使每位员工的工作表现和工作成绩得到认可，同时，这也是员工应得的奖惩的重要依据

随手札记

考核是制订培训计划的参考依据	一般来说，培训是在员工素质与职位要求已经显示现实差距和将要发生预期差距时进行的。培训是为了尽量缩小或弥补这种差距，而考核是找出差距的重要手段
考核为发掘与合理利用人才提供依据	在岗位设置相对稳定的情况下，店长要确定人才的升迁、录用、辞退和调换，应以一定的绩效考核为基础来合理配置人才。在考核过程中，店长可以全面了解员工的长处、短处，综合考核员工的外在及潜在能力，可以为调动和合理使用人才提供可靠依据
考核可以激励员工上进，有利于维护企业文化	考核为员工指出了今后努力的方向和可能获得的收益，使员工对自己的实际工作状况和今后的发展有更加清楚的认识

图3-3　绩效考核的作用

特别提示：

酒店的绩效考核工作非常重要。就如同培训工作的成果需要考核一样，任何员工的工作成果都需要考核，没有考核就很难知道他们的工作效果，尤其是管理人员。

（二）绩效考核程序

1.制定KPI考核指标

KPI（Key Performance Indication）即关键业绩指标，来自美国哈佛大学商学院教授罗伯·柯普朗（Robert S.Kaplan）和管理大师戴维·诺顿（David P.Norton）的“平衡计分卡”（Balanced Scorecard）体系。具体主要是对各部门（流程）的工作绩效特征的分析，提炼出最能代表绩效的若干关键指标体系。店长要想准确评估公司员工的实际工作效果，就必须先制订各级人员的KPI考核指标，依照指标开展考核工作。

（三）编制考核表

店长应根据KPI考核指标制定相应的考核表，将员工的考核结果依照各项考核指标填入表中，进行汇总，以准确得出员工的实际工作效果，如下例所示。

（四）绩效考核结果分析

考核工作重在总结员工的工作情况。对考核结果优异的员工，店长要进行通报表扬，并给予适当激励。对考核不达标的员工，店长则要找其谈话，就考核中出现的问题与其深入沟通，找出解决问题的方法，并确定改进计划，以便在下次考核工作中不要出现同样的问题。

【范例 18】

餐饮经理 KPI 考核表

<table>
<tr><td colspan="2">被考核人姓名</td><td></td><td>职位</td><td>餐饮部主管</td><td>部门</td><td>餐饮部</td></tr>
<tr><td colspan="2">考核人姓名</td><td></td><td>职位</td><td>店长</td><td>部门</td><td></td></tr>
<tr><td>序号</td><td colspan="2">KPI指标</td><td>权重</td><td colspan="2">绩效目标值</td><td>考核得分</td></tr>
<tr><td>1</td><td colspan="2">餐饮营业额</td><td>15%</td><td colspan="2">考核期内餐饮营业额达到____万元</td><td></td></tr>
<tr><td>2</td><td colspan="2">部门GOP值</td><td>15%</td><td colspan="2">考核期内餐饮部GOP值达到____万元</td><td></td></tr>
<tr><td>3</td><td colspan="2">餐饮销售计划达成率</td><td>15%</td><td colspan="2">考核期内餐饮销售计划实现率达100%</td><td></td></tr>
<tr><td>4</td><td colspan="2">餐饮经营成本节省率</td><td>10%</td><td colspan="2">考核期内餐饮经营成本得到有效控制，费用节省率达____%以上</td><td></td></tr>
<tr><td>5</td><td colspan="2">菜品出新率</td><td>10%</td><td colspan="2">考核期内菜品出新率达____%以上</td><td></td></tr>
<tr><td>6</td><td colspan="2">客人投诉解决率</td><td>10%</td><td colspan="2">考核期内客人投诉解决率达100%</td><td></td></tr>
<tr><td>7</td><td colspan="2">客人满意度</td><td>10%</td><td colspan="2">考核期内客人对餐饮服务满意度评价达到____分以上</td><td></td></tr>
<tr><td>8</td><td colspan="2">设备设施完好率</td><td>5%</td><td colspan="2">考核期内设备设施完好率达____%以上</td><td></td></tr>
<tr><td>9</td><td colspan="2">卫生清洁达标率</td><td>5%</td><td colspan="2">考核期内卫生清洁达标率为100%</td><td></td></tr>
<tr><td>10</td><td colspan="2">部门员工技能提升率</td><td>5%</td><td colspan="2">考核期内员工工作技能提升率达____ %以上</td><td></td></tr>
<tr><td colspan="6">本次考核总得分</td><td></td></tr>
<tr><td>考核指标说明</td><td colspan="6">1.餐饮销售计划达成率
$$餐饮销售计划达成率=\frac{实际完成的餐饮营业额}{计划完成的餐饮营业额}\times 100\%$$
2.部门员工技能提升率
$$部门员工技能提升率=\frac{年末员工绩效考核得分-上一年度绩效考核得分}{上一年度绩效考核得分}\times 100\%$$</td></tr>
<tr><td colspan="3">被考核人</td><td colspan="2">考核人</td><td colspan="2">复核人</td></tr>
<tr><td colspan="3">签字：　　　日期：</td><td colspan="2">签字：　　　日期：</td><td colspan="2">签字：　　　日期：</td></tr>
</table>

八、编写月度工作总结

编写月度工作总结是连锁酒店店长每月必做的一项工作。它对店长全盘了解酒店本月情况和安排下月工作计划有着非常重要的意义。

（一）总结方法

1.查看每日、每周总结报告

在前面两章中详细写到，店长要做每日和每周工作总结，以便了解酒店每日每周的工作情况。在编写月度工作总结时，店长也可调用每日总结和每周总结。

酒店各部门经理每月都会做本部门的工作总结，店长的工作总结应当参考他们的总结报告。

2.查看各项营业报表

酒店每天都会产生大量报表，如客人预订表、入住登记表、现金流量表、物资采购表等。店长要善于从这些报表里面发掘有用信息，以作出更精确、更完善的总结报告。

（二）总结内容

店长总结时要注意联系到酒店工作的各个方面，如卫生、纪律、服务、销售等，要总结出工作中的问题所在，提出改进方法，如下例所示。

【范例19】

××连锁酒店店长月度工作总结

一、营业状况

1.3月1～31日共计营业额约为60万元。

2.主要婚宴为2场：

（1）3月1日18桌，每桌标准588元。

（2）3月24日36桌，每桌标准600元；不标准计算婚宴营业额为3.2万元左右。

3.客房收入为57万元，平均日收入为2万元。

4.本月客房入住主要是团体客户为主，散客很少。

5.本月未能完成总部下达的指标，主要原因一方面是总部下达的指标不符合本酒店的实际情况，另一方面是酒店在营销方面和服务方面都存在着不足之处。

二、员工工作情况

1.前厅部预订处员工积极性始终欠佳。

2.厨房员工工作意识不够。

3.三楼客房员工缺乏对住宿客人的热情度，必须加强培训。

4.卫生工作有所改进，但不能持之以恒，尤其是2号餐厅，上个月已就其卫生情况提出批评，但本月并无明显改善，必须加强管理。

三、管理方面的调整

1.对酒店管理层进行了调整，增加了一名主管人员。

2.加强客房、餐厅区域通道及公共卫生的跟进，并持续对该区域卫生定期进行清理，卫生得到了明显的改进。

3.目前存在的问题主要是员工的服务意识欠缺，员工情绪化较普遍，本人也采取了一些针对性的措施，比如对一直态度恶劣的员工采取了换人措施、实行跟包服务以及做员工思想工作。

4.培训方面主要是针对于礼节和礼貌进行培训，尤其是前厅员工，大部分在此方面有所提高。其他的培训较少，主要以管理人员现场指导为主，下月开始要加强此方面的培训。

5.活动方面酒店一直没有开展，主要是因为酒店零点生意不是很好，推出以后不一定有效果，目前酒店正在制作一份新的营销方案，计划在4月份出台上报审批，5月份开始操作，其中需要赞助的将上报总部采购中心。

（三）总结分析

店长要认真考虑哪些工作完成得不够好，要认真总结出原因在哪儿，如何改进。同时还要与月初做的工作计划进行对比，看看哪些工作没有按时完成，接下来又该如何继续完成。相关对比应填入专用表格中，如表3–9所示。

表3-9　月度工作总结与分析

序号	项目	月初计划	执行结果	对比	备注

随手札记

一日工作安排与落实
一周工作安排与落实
月度工作安排与落实
季度工作安排与落实
年度工作安排与落实

管理心得

管理心得，其实是连锁酒店店长对自己个人工作的总结。可以是对某一个事件的看法，也可以是某一项工作的实施计划；可以是成功的经验，也可以是失败的教训。

我的月度管理心得

已办事项	
未办事项	
待办事项	
通过这一个月的工作，我最大的收获是：	

第四章

季度工作安排与落实

对于季度工作的安排，是属于宏观性的，必须要对一个季度的重点事项做到心中有数，才能按照季度安排做好每月、每周甚至每一天的工作。

作为连锁酒店店长，每一个季度的重点工作都需要有所侧重；但是总的来说，每一个季度的工作中又有重复的事情。要想让自己能从容应对，你先要将自己的每一个季度的工作都做好安排。

一、制订酒店季度目标计划

（一）季度重点工作指引

连锁酒店店长可以制定每一个季度重点工作指引，将每个季度的重点工作大致分列出来，然后再对每一个季度工作进行具体安排，表4-1是××连锁酒店店长的季度工作重点指引。

（二）季度工作计划

店长确定了每一个季度的重点工作之后，就要制订具体每个季度的工作计划。酒店每个部门如前厅部、客房部等也会制订季度工作计划，店长在制订酒店的工作计划时可参考各部门工作计划，并在年度计划的要求下合理安排，如表4-2所示。

特别提示：

当然，你可以根据自己实际情况来编制一份自己的季度重点工作指引表。

表4-1 季度重点工作指引表

季度	重点工作	备注
一	1.进行消防设施大检查 2.做好每一季度各重大节日营销活动 3.督促人力资源部做好新员工招聘工作 4.制订员工手册 ……	
二	1.更新酒店服务项目 2.安排本季度员工生日会 3.做好媒体来访接待工作 4.组织酒店各部门主管人员培训 ……	
三	1.建立部门突发事件应急处理预案 2.开展节能环保工作 3.督促各部门做好十一黄金周接待的准备工作 4.开展酒店各部门优秀员工评选工作 ……	
四	1.组织酒店各部门做好十一黄金周的客人接待工作 2.年度客人投诉处理情况分析 3.进行酒店年终总结及下年度安排 4.与人力资源部一起对酒店员工进行年终考核 ……	

表4-2　我的季度工作计划

序号	工作内容	阶段目标	目标达成时间			责任人
			一月	二月	三月	

二、受理员工离职

任何公司都会有员工离职，酒店也不能避免。当有员工提出离职时，店长应仔细分析员工离职原因，并采取措施，降低员工离职率。

（一）员工离职原因及应对措施

1.分析员工离职原因

一般来说，员工离职原因有以下几种：

（1）有的高素质员工为了实现自身的价值，谋求发展而跳槽。

（2）为了寻求更高的薪酬收入而跳槽。

（3）酒店被普遍认为是吃青春饭的行业，技术含量不高，所以员工为了寻求一个稳定的工作而跳槽。

2.降低员工流失措施

为了更好地留住员工，店长可通过以下措施降低员工流失率：

随手札记

（1）物质激励措施。比如，给员工支付高工资，改善员工福利待遇等等。

（2）精神激励措施。比如，诚心诚意留用员工。管理者应强化情感投入，充分授权以满足员工干事业的需要等。

3.不同周期的留人措施。

（1）引入阶段，让员工尽快适应环境。

（2）成长阶段，肯定员工工作，安排员工参加各种培训。

（3）成熟阶段，给予员工适度的培训后，给予畅通的调职或晋升渠道。

（4）稳定阶段，给员工增加福利或实施年金制。

（二）员工填写离职申请表

（1）如果员工要离职，店长应先与其进行正式谈话，提出挽留，谈话内容应做记录，谈话内容如表4-3所示。

（2）如果员工执意要离职，店长应让其填写离职申请表，并上交由酒店所发的工作用品，如办公文具、工牌等，同时填写离职清单。待相关部门领导签字同意

表4-3　离职谈话表

员工姓名		谈话日期	
店长		人力资源部	
谈话内容			
1.为什么会申请离职			
2.薪资问题是否你这次离职申请的主要原因			
3.你认为酒店提供给你现在的职位合理吗			
4.你喜欢你的工作吗			
5.你现在所从事的工作是否是所你希望的，如果不是，两者区别在哪里			
6.你认为你现在得到的职位与你的能力相当吗？如果不是，请给出具体原因			
7.你认为怎样可以改善你现在的工作，如果不能改善，困难在哪里			
8.你认为应该被给予更多的培训吗			
9.对于这个工作你面临的最大挑战是什么			
10.在你的工作中，你最喜欢的工作是什么，为什么喜欢			

（续表）

11.在你的工作中，你最不喜欢的工作是什么，为什么不喜欢
12.你在工作岗位上工作有安全感吗？如果没有，为什么
13.你所在部门的士气如何
14.你的部门为提高士气做过什么呢
15.你觉得工作环境适宜你工作吗(比如工作时间、工作位置等）
16.你对酒店福利满意吗
17.酒店的相关政策与程序能让你充分了解吗？如果不是，为什么
18.是否存在某些酒店可以做到的事情，促使你改变今天的离职决定
19.你愿意重新考虑离职决定吗
20.其他问题

随手札记

后，店长最后签字确认，员工方可正式离职。

三、酒店新员工招聘

一般来说，酒店的招聘工作主要由人力资源部和各部门经理实际负责。当一个部门员工离职或人员不足时，部门经理就会向人力资源部提出增员申请，然后与人力资源部一起组织招聘工作。

连锁酒店店长也要进行员工招聘，不过一般是招聘酒店高级管理人员，如各部门经理和主管。对这些人员的招聘不同于基层员工招聘，因为对他们的要求更高更严，店长要亲自负责，认真做好高级管理人员的招聘工作。

（一）向人力资源部提出增员申请

当酒店有管理人员离职或者因业务量增加导致部门人员不足时，店长就要按酒店规定的程序填写招聘申请表，呈交给人力资源部。由人力资源部发布招聘信息，如表4-4所示。

表4-4　酒店招聘申请表

<table>
<tr><th colspan="8">职位基本资料</th></tr>
<tr><td colspan="2">需求职位</td><td colspan="2"></td><td colspan="2">所属部门/工作地点</td><td colspan="2"></td></tr>
<tr><td colspan="2">需求性质</td><td colspan="2">□ 增编　□ 补缺</td><td colspan="2">需求人数</td><td colspan="2"></td></tr>
<tr><td colspan="2">拟到职日期</td><td colspan="2"></td><td colspan="2">直接汇报职位</td><td colspan="2"></td></tr>
<tr><td colspan="2">岗位试用薪酬</td><td colspan="2"></td><td colspan="2">岗位转正薪酬</td><td colspan="2"></td></tr>
<tr><td colspan="8">工作职责：</td></tr>
<tr><th colspan="8">任职资格要求</th></tr>
<tr><td>性别</td><td>□ 男　□ 女</td><td>年龄</td><td></td><td>户口</td><td></td><td>学历</td><td></td></tr>
<tr><td>教育背景</td><td colspan="3"></td><td colspan="2">专业技能</td><td colspan="2"></td></tr>
<tr><td>工作经验</td><td colspan="7"></td></tr>
<tr><td>其他要求</td><td colspan="7"></td></tr>
<tr><td colspan="2">申请人签名：</td><td colspan="2">部门经理签名：</td><td colspan="2">人力资源部签名：</td><td colspan="2">店长签名：</td></tr>
<tr><td colspan="8">人力资源部填写</td></tr>
<tr><td>职位</td><td colspan="3"></td><td colspan="2">职级</td><td colspan="2"></td></tr>
<tr><td>试用薪金</td><td colspan="3"></td><td colspan="2">转正薪金</td><td colspan="2"></td></tr>
</table>

（二）面试员工

员工经过人力资源部的初步筛选后，通常来说，店长要参与其中，甚至要主导这一面试工作，作出最后聘用与否的决定。

1.面试方法

一般来说，为了准确甄选合适员工，店长可以采用测验和资历审查两种面试方法。

（1）测验。测验方法如表4－5所示。

（2）资历审查。对某些高级及专业人员如部门经理应聘者，店长可采用资历审查面试方式。资历审查须对所拟补充人员的所需资格条件事先作出明确的规定，以便建立工作绩效衡量准则。这些条件有：

——对客人、对同事、对上级的态度。

——处理部门日常事务、应对突发事件的能力。

——所学专业知识、毕业的院校是否与本酒店企业文化相适应。

——个人目标是否能与酒店的整体目标相配合。

表4-5　测验方法

序号	名称	内容
1	专业测验	目的在于测试应聘人员在某项专业技能上已有的成就。例如，酒店所需人员为一财务部的出纳人员，则可以用简单的会计学知识及电脑操作知识来测试该应聘人员的专业能力
2	性向测验	由专家设计，以某些特定问题或特定方法来测验应聘人员是否具有某项特质。性向测验一般有智力、语文性向、数学性向、空间性向、图形知觉、文字能力、动作协调能力、动作速度、手指灵巧度、手臂灵活度等项目

随手札记

2.面试内容

面试是整个招聘工作中的核心部分，是供需双方通过正式的交谈，使店长能够客观地了解应聘者的语言表达能力、反应能力、个人修养、逻辑思维能力、业务知识水平、工作经验等综合情况，使应聘者能够更全面了解酒店信息和自己在酒店的发展前景。那么，如何提高面试的效率，通过面试准确地判断适合酒店的人才、吸引这些人才，是店长必须掌握的。

（1）初试。主要是对应聘员工进行初步评估，店长可以通过初试检验出该员工是否符合酒店的价值观等基本信息，具体内容可填入初试评估表中。

（2）复试。如果店长和人力资源部认为该员工初步符合部门需求，可以安排复试，对该员工的时间工作水平进行详细的测试。因为店长面试的主要是各部门经理和主管，所以，店长安排的面试问题应适合各部门。

【范例20】

客房经理面试问题

1.领班的岗位职责是什么？

2.你能叙述领班一天的工作程序吗？

3.你每天查房的类型都有哪些？有什么不同吗？

4.你认为每日下班前应做哪些工作？请具体说明。

5.你认为一个好领班应该是能经常帮服务员工作的，还是能指挥服务员工作的呢？请谈谈你的想法。

6.当你手下一名员工经常丢三落四且工作速度太慢时，你是否想过应该怎么办？

7.当因工作繁忙服务员在工作中向你抱怨并发牢骚时，是否应该同情，你是否想过应怎么做？

8.你知道楼层要回收哪些物品？你认为怎样才能更有效使员工自觉做好回收物品工作？

9.当客人向你抱怨客房的设备陈旧时，你该怎么办？

10.你认为怎样才算全力支持你上司的工作？

11.当你对上司的工作安排有意见时，你应如何处理？

12.当你的下属对你的工作安排有意见时，你该怎么处理？

13.你认为你是怎样的一个人？你相信自己有发展吗？为什么？你还需要克服哪些不足？

14.对于平常工作速度慢，质量差的员工你是推给上司呢？还是勉强收下跟在后面补漏？还是应该怎么办？

15.你认为怎样能更有效地促使员工发挥工作上的潜力？

16.你认为一个好的领班应该具有哪些品质？

【范例21】

营销经理面试问题

1.能自我介绍一下吗？

2.你了解我们酒店吗？为什么选择我们？

3.你为什么要换工作？

4.你上一个工作的主要工作成绩是什么？

5.你认为营销部在酒店中起什么样的作用？

6.营销部岗位该怎么编制？

7.针对我们酒店的营销策略你准备怎样开展？

8.关于酒店营销你有何创新和取得优势？

9.你怎样控制销售成本和出台销售计划？

10.你认为我们酒店营销部应采取怎样的激励机制？

11.怎样测算营销风险（签单、挂账）资金回笼。

12.对客人投诉及意见的处理办法。

13.客人档案管理怎样实施？有什么意义？

14.你的职业道德和维护酒店利益的关系。

15.销售计划与其他部门的关系。

16.怎样维护我们酒店客户的长期性？

17.假如你被辞退你怎样处理与企业关系。

【范例22】

餐饮经理面试问题

1.请描述本岗位的工作职责？

2.如何搞好餐饮服务质量？

3.怎样加强餐饮成本控制？

4.请描述一下你自己的个性？

5.你觉得自己最大的优缺点各是什么？

6.你通常从事什么样的休闲活动？

7.请谈谈在工作时曾经令你感到最沮丧的一次经历？

8.请谈谈你对加班的看法？

9.你如何克服工作的低潮期？

10.你觉得什么样的人最难相处？

11.你想通过哪些方式得到晋升机会？

12.你在同一家酒店餐饮部工作了那么长时间，难道你不觉得若要再去重新适应新的酒店文化，可能会产生严重的“水土不服”现象吗？

13.你在某酒店时，曾经有机会在制度

随手札记

和组织层面进行调整改变吗?

14.你觉得要获得职业上的成功，需要具备什么样的特质和能力?

15.你对于“创业”有什么样的看法?

16.你认为“成功”的定义是什么?

17.请叙述你个人的管理风格。

18.你觉得自己具备什么样的资格来胜任这项工作?

19.请问如何兼顾事业与家庭?

20.如果你有机会重新选择，你会选择何种工作领域?

(三)员工录用

一旦该员工通过复试，店长应通知人力资源部向他发出录用通知书，以便安排培训工作。

四、员工薪酬管理

薪酬福利是每个员工都关注的问题，也是提升员工满意度的关键因素之一。作为酒店店长，在对员工进行薪酬管理时，应考虑如何才能保证支付员工的工资在市场上具有竞争力。也就是如何根据薪酬策略，将本酒店的薪酬与市场实际水平进行比较，以确定支付薪酬的相应范围。

(一)员工薪酬类型

为了有效地对员工进行激励，店长必须要从员工的需要出发，建立一套完善的薪酬体系。它应该包括直接报酬、间接报酬、非货币性报酬三方面内容。

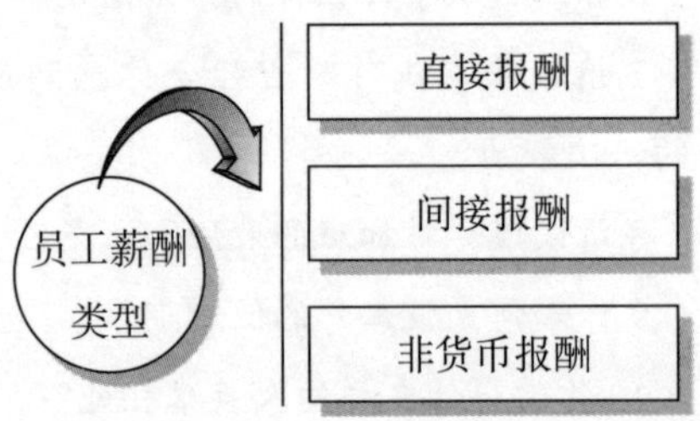

图4-1　员工薪酬类型

1.直接报酬

直接报酬主要指酒店为员工提供的基本工资、加班费、津贴、奖金等。为了提高服务人员的待遇，酒店应推行以岗位工资为主的岗职工资制度。岗职工资制是从店长到员工按决策层、领导层、督导层、服务层分成许多级别，各级别又因技术工种的不同有不同的工资制度。

这样便可以避免单纯按行政级别来划分工资高低，导致工作多年的服务人员的工资还比不上初出茅庐的管理人员的工资的不合理现象。

特别提示：

酒店还应采用年功序列奖励制度，根据工作年限、贡献大小来给予奖励。此外，酒店还可实施利益共享计划，设立职工股，让员工成为企业的股东，分享企业成功的利益。

2.间接报酬

间接报酬主要指员工的福利。现在，酒店大多采用统一的方式为员工提供医疗保险、养老金、带薪假期等福利。

然而，为了使激励的绩效达到最大化，酒店应考虑员工的个人需要，给予员工充分主动权，为员工提供“自助餐”式的福利，由员工自行选择。

比较切实可行的做法是：酒店为每一个员工建立一个灵活的、规定具体金额的福利消费账目，并为每种福利标明价格，员工可以自行选择福利项目，直到他们账户中的金额用完为止。

3.非货币报酬

店长应认识到员工的需要是多方面的，既有物质的需要，又有精神的需要。因而，管理人员应适当地考虑员工的精神需要，通过各种精神鼓励措施来激励员工，如评选“最佳员工”、授予“××岗位能手”称号等。

店长还应注意到：不同的员工的精神满足是不同的。所以应根据员工个人的差别有针对性地采用各种激励手段。如有的员工希望有良好的人际关系，则可以多组织一些生日聚会、舞会等社交活动以满足他们的需求；有的员工希望受人尊敬，拥有较高的威望，酒店可通过授予各种荣誉称号来激励他们。

（二）制定薪酬管理制度

店长是连锁酒店的最高负责人，负责各种制度的制定工作，对薪酬管理制度的制订应当特别重视，因为这与员工的切身利益相关。下例是××连锁酒店店长制定的薪酬管理制度，仅供参考。

【范例 23】

××连锁酒店薪酬管理制度

一、总则

1.本制度经酒店店长办公会议审议通过，自××××年××月×日开始执行。

2.本制度实行的准则：坚持按劳分配、多劳多得，支持效率优先、兼顾公平的原则。

3.本制度努力实现的方向：按劳分配、唯才是用、唯功是赏的薪酬分配原则。

二、工资结构

员工工资的具体结构如下：

随手札记

1.个人工资收入=基本工资（含全勤奖）+岗位津贴+技术津贴（仅限特殊工种）+店龄津贴+浮动效益工资。

2.其中，基本工资+岗位津贴+技术津贴（仅限特殊工种）为职务岗位等级工资。

3.店龄津贴：依据员工服务年资（含试用期间）计算，在酒店服务满半年的员工，可享受店龄津贴（具体发放方式参照原工资制度）。

4.浮动效益工资：随酒店经营效益的高低，并结合管理质量的优劣而上下浮动，主要为经营部门效益提成。

5.全勤奖：试用期过后，当月没有迟到、早退、病事假情况，予以×××元全勤奖。此项含在基本工资当中。

6.每年6月30日前，依据岗位工资等级标准和员工的业务技能以及本年度考核结果进行调整。

7.上列计算结果若有小数点产生时，一律舍去不计。

三、岗位工资等级

1.酒店为公正评价每位员工的资历能力和贡献，将全店所有岗位自上而下分级分档。管理人员以现任职务确定工资等级，员工以现有岗位确定相应的工资等级。

2.全店等级工资情况见“××酒店岗位工资等级表”。

四、职务岗位变动后的工资级别确定

1.职务提升：凡被提升为各级管理人员的员工，自提升之日起，在其所在职务基础上考核一个月，享受原有待遇。经考核合格，方可纳入相应职位的转正级别。

2.岗位变动：凡在酒店内部调动，自调动之日起均须经过一个月的考核期，考核期内，若原等级低于本岗位者纳入本岗位等级；若原等级与现岗位等级相同者，其级别不变；若原岗位高于现岗位等级，按现岗位等级执行，高出部分不予保留。考核期合格后，按相应等级转正级别执行。

五、新员工等级的确定

1.新招人员：有相同工作经历，招入本店后，经试用期满考核合格，按其工作能力，纳入相应岗位等级。

2.各专业学校毕业生按实习合同期限（一般为6个月以上），实习期满或获得毕业证书者，愿留店工作的，根据所在岗位确定等级，可直接进入岗位等级工资，若变动岗位，则按上述第四点的规定变动岗位的工资。如有表现优异但暂未获得毕业证书者，适当给予额外补助（但收入不高于转正后工资）或直接转正，享受岗位等级工资。

3.社会招聘录用有熟练工作技能和工作经验的人员，根据所在岗位确定等级，进入试用期，经试用两个月期满考核合格之后，按现岗位等级转正。

六、调薪

（一）酒店原则上根据经营业绩的增长，每年6月份进行员工调薪。

1.以本年度该员工考核结果为依据。

2.以各岗位级别工资标准为依据。

（二）下列情况不在调薪范围

1.以每年×月××日为限，一年之内

因升职或变动岗位而调薪不满一年者。

2.入职不满半年者。

3.已达到本岗位最高薪级的。

4.调薪当月正办理离职手续者。

5.缺勤累计达1个月以上者（缺勤指：病假和事假等，按实际天数累计，旷工按10倍天数累计）。

6.本年度内受书面警告以上（含书面警告）处分者。

七、超产奖金部分

（一）奖金的含义

奖金：含奖励与扣奖两个含义，即奖与罚。有奖有罚，奖罚平等。

（二）奖金的类别

1.经营效益奖。

2.管理绩效奖。

3.服务质量奖。

4.特殊贡献奖。

5.年终双薪奖。

6.其他单项奖：

（1）先进部门或班组（团体）。

（2）某项集体奖（团体）。

（3）先进工作者（个人）。

（4）优秀员工（个人）。

（5）微笑明星（个人）。

（6）优秀通讯员（个人）。

（7）岗位技能（技术能手）比武（团体或个人）。

（8）协作精神（团队或个人）。

（9）见义勇为（团体或个人）。

（10）创新、创意项目奖（团体或个人）。

（11）拾金不昧（个人）。

（12）节支降耗（团体或个人）。

（13）文体活动（团体或个人）。

（14）酒店形象大使（个人）。

（15）特殊贡献（团体或个人）。

（16）其他。

奖罚来源：凡获得（扣除）奖金的个人，将其工资上调（下调）一档。

随手札记

附：

××连锁酒店员工工资标准（基本工资）

职务＼资质	D	C	B	A	备注
店长	—	8000	10000	12000	1.主管级（含主管）以上人员试用期以最低级工资的80%计算，其他员工试用期以本岗位级别工资最低级发放，转正后视具体情况而定 2.特殊情况时工资视情况而定，最终解释权归酒店所有 3.销售部、工程部工资根据本地市场及具体情况确定
部门经理	5000	6000	7000	8000	
客人服务经理	—	2900	3200	3500	
部门主管	2600	2800	3000	3200	
部门领班	—	2200	2400	2600	
前台服务员	—	—	2000	2200	
餐饮咨客	—	2000	2200	2400	
餐饮服务员	—	—	2000	2200	
文员	1700	1800	1900	2000	
话务员、礼宾员 商务中心文员	1700	1800	1900	2000	
客房服务员	1500	1600	1700	1900	
PA、管事员、杂工	1450	1550	1650	1750	
保安员	1700	1900	2100	2400	

说明：1.其他工种基本工资按照实际工资对等级别计算。

2.工程部、监控中心等部门有特殊技术或证件的人员外加100元技术津贴。

3.原工资标准已达到此标准的部门按照原标准执行。

五、举行季度员工生日会

（一）举办生日会的意义

为了提升员工对酒店的归属感和认同度，凝心聚力，使广大员工真正地融入到酒店大家庭当中，更好地为酒店创造效益，并进一步丰富酒店文化，加深酒店文化内涵，酒店店长应为员工举办生日会。

生日会应每个季度一次，将该季度内生日的员工组织起来庆祝生日。店长可根据酒店实际情况选择庆祝方式。

（二）制订生日会实施方案

下例是××连锁酒店的员工季度生日会方案，仅供参考。

【范例24】

××连锁酒店第三季度生日会

一、活动目的

1.祝贺在第三季度过生日的员工，增进公司员工的内部凝聚力和亲和力，加强“精神家园”的建设。

2.让员工充分地展现自我，在活动的过程中认知自我及酒店大家庭的氛围。

3.实现领导和员工的互动，让酒店和各层工作者在共同的平台下交流。

4.丰富员工业余生活，给员工们一个面对面的交流机会，增进同事感情。

二、活动主题

我与酒店一起成长（特质：增强凝聚力，培养员工忠诚品质；体现酒店重视、关注每一位员工的成长，并且愿意与员工一起成长的含义）。

三、活动时间

××××年×月××日 20：00~21：30

四、活动地点

温泉中心——冲浪广场

五、活动组织形式

由营销部组织、执行，同时需要各部门配合，要求每个部门出一个节目。

六、活动参加人员

酒店中高层领导（包括店长）、酒店生日员工，每个部门至少派10名员工参加，鼓励所有员工参加，互动人数总数要在100人以上，需要店长办公室进行沟通协调。

七、活动的过程

1. 19：30进场。

2. 20：00正式开始，活动历时1.5小时左右。

八、活动的简易流程

序：正式开始前需要一个热闹的暖场节目。

1.“我与酒店一起成长之共同的生日”——店长祝词，显示酒店关怀。

2.“我与酒店一起成长之幸福惊喜”——店长等分发生日礼品、贺卡和鲜花。

3.“我与酒店一起成长之我的生日感言”——生日员工代表讲话 。

4.“我与酒店一起成长之欢乐生日秀”——表演节目（表演节目和游戏穿插进行）。

5.“我与酒店一起成长之我动故我在”——游戏时间（表演节目和游戏穿插进行）。

6.酒店特别大奖抽奖时间。

7.“酒店与你一起成长之温情时

随手札记

刻”——点生日蜡烛，唱生日歌、切生日蛋糕。

8.生日晚会到此结束，参加人员可以自由泡温泉。

奖品：

特等奖：酒店豪华单间一晚，含2人温泉一次（一间）。

一等奖：酒店豪华标间一晚，含2人温泉一次（一间）。

二等奖：有机会参加免费港澳4日游（5个，每个都是双人票）。

三等奖：KTV激情之夜（三次）。

参与者奖：泡酒店温泉一次（50张温泉票）。

六、举行季度消防演习

酒店是人口密集之处，是火灾的重点防范场所。店长应高度重视酒店的消防工作，一般每个季度举行一次消防演习，通过演习让酒店所有员工熟悉有关消防各方面的操作技能。店长应在保安部的配合下制定消防预案，按照预案举行消防演习。

【范例25】

火灾应急演练预案

××酒店备忘录编号：

店办	√	客房部	√
行政人事部	√	财务部	√
销售部	√	工程部	√
餐娱部	√	保安部	√
前厅部	√		

致：店长

由：保安部____________

事由：××酒店灭火和疏散预案演练方案

日期：××××年××月××日

一、演练的指导思想和目的

为了更好地贯彻落实《中华人民共和国消防法》和《机关、团体、企业、事业单位消防安全管理规定》，酒店拟每半年进行一次整体的消防演练。通过演练，使整体参练人员和员工懂得自己的岗位的防火职责，懂得各自工作中的火灾危险性，懂得预防火灾的措施，懂得灭火的方法：会报警，会使用消防器材，会扑灭初期火灾，会迅速组织引导客人疏散逃生。从而具备消防意识和自防自救能力，有效杜绝火灾的发生。

二、演练时间

1.具体时间另行通知。

2.演练的组织和内容：

A.指挥部。

总指挥：××店长；

成员：各部门负责人。

指挥部办公地酒店前厅部电话："1110"

任务：负责组织、指挥演练。

B.灭火组。

甲组由一名领班负责，两名保安员（酒店大门岗一名、巡逻岗一名）组成、演练当天在指定位置（各自岗位）待令。

任务：接到指挥部命令后，手持灭火器前往假想火灾现场（客房1号、2号楼及餐娱部商业楼根据实际情况确定位置）模拟灭火，随后到酒店大门左侧车道上集合，各部门安全员在保安部员工指导下进行灭火演示（使用干粉灭火器扑灭火盆）。

乙组由一名保安领班负责，保安部各抽两名保安员组成。演练当天在指定位置集中待令。

任务：接到指挥部命令后，启动消火栓，水枪向无人出入的地方，出水摹拟10余秒钟。

C.报警联络组。

由一名资深保安负责，一名保安和各业务部门分别抽一名安全员组成，演练当天时在指定位置集中待命。

任务：假设火灾发生后，一边迅速拨打"1110"（向指挥部报告）或向消防中心电话报警；（要求掌握报警的内容：火灾的地点的单位，什么路、门牌号、几楼、着火的物质是什么，并将自己姓名、部门所用电话告知对方）并传达指挥部的命令。

D.疏散、救护组。

由客房主管负责，一名保安员及一名客房领班在指定楼层待命。各部门一至两名安全员扮演住店客人，在指定楼层待命，所有被疏散人员使用小方巾（旧）捂住口鼻降

随手札记

低体位在疏散人员的指引下有序撤离。随后所以参演人员及各部门员工到酒店大门左侧车道一侧集合。

三、演练讲评及培训

演练完毕后，所有员工在酒店大门左侧车道一侧集合，观看安全员使用干粉灭火器灭火演示及消防水带连接模拟灭火（事前在指定位置设置2个火盆做好相应的准备），并作灭火器使用讲解、在处置火情时应注意事项及对《×××度假酒店火灾处置应急预案》剖析讲解。

由指挥作演练讲评，并强调日常防火工作注意事项。

四、要求、目的

酒店员工应全程观摩演练过程，使自己对每一环节都能熟知。一旦发生火情时，知道自己怎样应对处置（应该怎么做）、正确使用灭火器扑灭火险及疏散客人。

定期向酒店年度防火安全责任人汇报酒店消防安全情况，及时报告酒店涉及消防安全的重大问题，并完成酒店防火安全责任人交办其他消防安全管理工作。

五、演练所需物品

干粉灭火器	20具
小方巾（旧）	20张
金属盆（火盆）	2个
木材（着火源）	5千克

妥否，敬请领导批示！

店长批示：________________

七、酒店公共关系管理

酒店每天都要同许多机构打交道，如政府部门、工商业界、新闻界等，为了使酒店能够正常运营，店长必须与这些对酒店有重大影响的机构搞好关系，这是店长最重要的工作之一。为了做好这方面的工作，店长首先要树立良好的酒店形象，同时店长要定期拜访政府部门等机构，维持与他们之间的良好关系，并将此作为每个季度的重点工作安排。如果酒店所处地区有比较多的社会活动，店长应积极参与，扩大酒店的知名度与影响力。

（一）树立良好的酒店形象

店长的公共关系管理工作首先就是要树立良好的酒店形象，良好的酒店形象会招揽更多的客人入住。

1.酒店的宣传和广告

公共关系方面要做酒店的宣传广告工作的策划，这种宣传广告分为国外市场和国内市场两种。从酒店的最终目标来说，公共关系的宣传广告工作，主要侧重于国内市场。

> **特别提示：**
>
> 因为公关宣传广告的目的是为了在国内市场提高本酒店的知名度和影响，更多的占领国内市场的份额，使更多的潜在客源认识、了解本酒店，吸引他们来店下榻。

从酒店的现实目标来说，酒店在本地区经营，需要树立良好的形象，建立和睦友善的社区关系，对酒店的经营发展打下良好的外部环境基础。

国内外市场上的宣传广告工作有：在国内外举办的各种博览会上的宣传；在国内外报纸、杂志上的广告宣传；在国内、外电视、电台上的广告宣传；在当地报刊、电视、电台上的广告宣传等。店长应要求酒店营销部人员制作好酒店的各类精致的广告文案和宣传小册子，撰写电视新闻稿、报刊新闻稿。

【范例 26】

××连锁酒店广告文案

大隐于野，岁月增添价值

——××连锁酒店

人生有许多

现代生活的抉择

等待着决定

“但千万别在城市里下决定，”

松下幸之助

有次对着一万三千位松下同仁说：

“应该到自然中去！”

（插图：置于大自然中的酒店全景图

文字说明：××连锁酒店，位于××俱乐部球场中央，建筑面积三万多平方米，楼高七层，地下二层。）

雅致的生活

或许是摩天大厦里的

运筹帷幄

或许是宝车名饰的

随手札记

簇缀荣显

但一定是充分享受

阳光、空气和水……

（插图：客房内景图、直引水系统、蒸汽浴室、独立阳台

文字说明：××酒店，共有蜜月房、商务套房、汤泉套房、爱心套房、总统套房等各色房间540间，内设豪华器具、蒸汽浴室、直引水系统、独立阳台等，独具特色。）

如果人居的现代化

只能换来淡漠和冰冷

那么它将一钱不值

家是内心的归属

而真诚的关怀和亲近

是疲惫的心灵

最好的抚慰

高山

流水

飞鸟

落叶

大自然的情致

亦是人生的乐趣

原来生活可以如此

从容

[插图：前台细致的服务、接待员客人的微笑、爱心套房（供残疾人专用）、儿童用具、钢琴吧等]

或许会出现在新闻上

或许会在高峰论坛上

就这样地不期而遇

一个微笑，一声问好

不同的世界观

相近的学识

汇聚成商战里的智慧河流

（插图：大型多功能会议厅、中小型会议室、商界名人握手、互联网上网装置等）

2.酒店宣传要保持连续与统一

（1）要树立鲜明、固定的酒店形象，就需要在宣传广告中注重统一性的原则。统一性原则的要求，就是通过酒店的宣传广告，让国内、外公众对酒店留下一个深刻、鲜明、固定、统一的形象。

（2）酒店的宣传广告要有连续性，要使酒店在国内外目标市场上占有一席之地，需要多年的宣传促销。

3.利用各种手段宣传酒店，扩大酒店的知名度

（1）文艺公关：组织员工业余艺术团，通过酒店员工的艺术表演，宣传酒店，扩大酒店的影响。

（2）体育公关：在体育活动和比赛中，酒店的体育代表队的良好成绩也是对酒店的有力宣传。

（3）有目的地参加电视台、电台组织的有关活动，以此来扩大酒店的知名度。

（4）在各种社会公关活动中表明酒店的某种态度、参与其中的相关内容。

4.广告宣传的选择

店长要根据酒店对国内外宣传的目标市场来选择杂志做广告。

（1）酒店在杂志上做广告宣传，以对内宣传为主，以扩大酒店在国内市场上的影响力。

（2）面对国内众多的杂志，做广告宣传时，店长要持谨慎态度，应选择那些声誉好、影响大、有权威的杂志，刊登酒店的广告，以做宣传。

（二）与社会各界保持良好关系

店长要与社会各界保持良好关系，如图4–2所示。

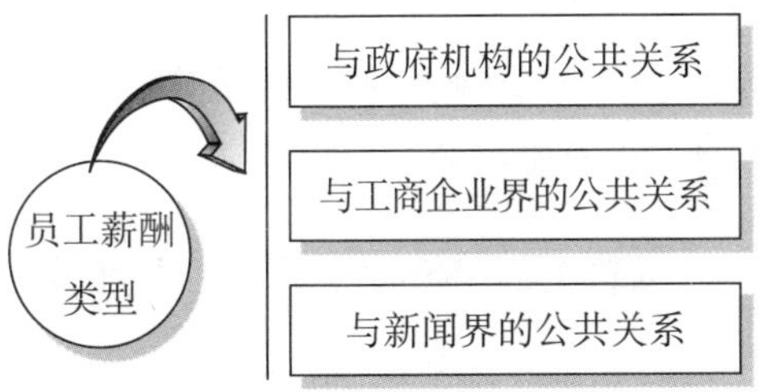

图4-2　与社会各界保持良好关系

1.与政府机构的公共关系

与政府部门的日常联系工作一般由店长亲自出面，表示酒店对建立与政府部门、机构的公共关系的重视。

由营销部负责做好店长与政府部门和机构交往、交际的策划和准备工作，如准备背景材料，以及与政府部门、机构交往的内容，以供店长参考。

还有一种公关活动是由酒店各部门进行，如工程部与水、电、气、能源、劳保部门；财务部与财政、工商、税务、物价部门；餐饮部与卫生防疫部门等进行交往联系比较多。

无论是店长的交往，还是各部门的交往，店长都应该了解这些交往的结果，在遇到困难和障碍时，可以由店长即时解决，以使酒店与政府部门、机构的公共关系处于良好的状态。

2.与工商企业界的公共关系

店长要与工商企业界建立良好的关系，目的是使酒店的经营和发展得到工商企业界的支持和帮助。酒店是工商企业界交往、洽谈生意的场所。酒店在工商企业界的声誉越高，越可以提高酒店的知名度和经济效益。

店长要与当地工商企业界保持良好的联系，适时地组织当地工商企业界人士来酒店，向他们介绍酒店的经营情况，通报酒店的发展情况；酒店开展的一些推销活动，也恭请他们光临等。

随手札记

3.与新闻界的公共关系

（1）店长应经常给国内外的报纸投寄新闻稿，以此来反映酒店的经营管理动态，在海内外作广泛的宣传和有关信息的新闻传递。酒店店长每月要安排专门人员定量给专门的报纸投寄新闻稿，这种稿件并不要求写得十分详细，只要求写出大体的情况，或发生了什么事情即可。新闻稿的内容，有酒店接待的重要客人、酒店的推销活动情况，酒店名厨的介绍、酒店经营上的新举措等。

（2）做好新闻记者来店时的接待工作。大的杂志社和新闻社来人了，公关人员可能要花一天的时间，陪他们拍照，了解背景材料，向他们介绍酒店情况，带他们参观酒店设施，组织安排他们与店长见面交谈。

（3）选择适合自己的媒体来做宣传。如果做国内会议的宣传广告，则要在海外报纸杂志上做宣传；如果是做餐饮推销的宣传，就要在当地报纸上做广告；选择在当地报纸上做广告宣传时，酒店内重大活动的宣传，要放在影响力比较大的报纸上，而一般的活动宣传就放到小报纸上。

（三）参与当地的社会活动

（1）通过参加社会活动，树立酒店亲善的形象。

为了树立酒店在当地社区的良好形象，店长要经常积极地参加当地政府和各工商企业组织举办的各类社交、社会活动。通过社交和社会活动，广交朋友，宣传酒店，树立酒店的良好形象。

> **特别提示：**
>
> 参加社会公益活动的范围是比较广泛的。有些社会活动是政府部门点名要酒店参加的，有的活动并非一定要酒店参加。对于前者，酒店应该认真对待，点名要酒店参加的社会公益活动，店长不好推辞，要根据酒店的情况，表明自己的态度。

（2）通过参加各种社交、社会活动，店长可以获得更多的有价值的信息。

（3）有准备地参加这些活动，在活动中宣传酒店。

店长应主动捕捉那些值得参与的社会公益活动的信息，然后积极准备，精心策划，主动参加这些活动。比如，救灾工作的参与，环境保护活动的参与等，通过参加这些公益活动，一是为社会、公众服务；二是也能宣传酒店、树立酒店在公众和社会各界中的良好形象。

（四）酒店内部的公共关系工作管理

1.对客事务方面的公关工作

有些住店的VIP客人，需要店长参与接待。这些VIP客人，有的并不一定非要店长出面，这时就由营销部或前厅部的经理，代表酒店店长做一些迎来送往方面的工作，如进店时迎接、帮助接待，把VIP客人送至客房，告知客人有事找店长联系，客人离店时在门口送行等。

店长要与大堂副理一道，认真检查VIP客人的各项准备工作，如前台登记、钥匙信封、房内VIP布置、用餐安排等；发现问题，要及时通知有关方面补救。

非常重要的住店客人的接待，大堂副理要起草接待工作计划，帮助店长做了接待方面的准备工作，提醒店长要注意些什么问题，做好店长在接待时的参谋和助手，具体内容可参考本书第二章中相关章节。

2.对客事务方面的信函联系

酒店常常会给在住店客人一些告示、通知、招呼或某一方面的表示。一般情况下，由店长代表酒店给客人致函，这是由店长的工作性质决定的。比方说酒店定于次日上午10：00进行防火演习，前一天，就必须有一份精致的通告放到客人的房间，通告的落款是酒店的店长。

因为这件事与客人发生了关系，可能给客人带来不方便，所以要请客人给予协助、理解或谅解。因此发给客人的信函、通告，都应由店长用中、英文起草，打印，落款是店长。酒店应避免由部门直接与客人交往，不能因为工程部要在水电方面作维修，就以工程部的名义在大厅内立一个告示板；餐饮部要推销一项什么特选，就以餐饮部的名义告知客人，这样就会给让客人感觉到这家酒店的管理杂乱无章。

统一由店长或负责公关事务的营销部来处理对客事务方面的致函，可以统一、规范使用的语言，如日语、英语、中文等；还可以统一致函的格式，注重礼貌用语，以及注重通告的摆放位置等。有时店长还要代表酒店给客人写致歉信，或代表酒店给离店客人写信。

【范例27】

××连锁酒店致歉信

尊敬的贵宾：

您好！

欢迎您下榻本酒店，我谨代表酒店全体员工热忱欢迎您的到来，我们将竭诚为您提供优质、周到的服务。

由于酒店刚投入运营，在设施设备及服务方面有待提高，为此敬请原谅给您带来的不便。同时，欢迎您向酒店提出宝贵

随手札记

的意见，以促进我们的服务质量得到进一步的提高。

如需帮助，请您联系管家。

谢谢您的理解与支持！

店长：×××

【范例28】

××连锁酒店致歉信英文版

Dear guest:

Welcome to our Hotel.

On behalf of all the staff, I warmly welcome your arrival. Our Hotel will serve you wholeheartedly.

Due to our hotel has recently come into use, the facilities and service remain to be improved, we apologize for the inconvenience. At the same time, please favor the hotel your valuable comments and suggestions, whatever praise or criticism. We promise, we will improve the quality of service with your help.

If you need any help, please contact with our Housekeeper.

Thank you very much for your understanding and support!

Yours Sincerely

General Manager

3.营造酒店内部的良好环境和气氛

（1）连锁酒店店长有责任在全店范围内营造出一种融洽的人际关系环境和气氛，应该让店内员工之间、部门之间、管理者与被管理者之间互相以诚相待，互相尊重。

（2）为了创造良好的酒店内部环境，店长可与人力资源部、工会联合组织店内公关活动，活跃酒店员工的气氛，融洽员工之间的关系。对活动中成绩优秀者，可与店长合影留念，并发给纪念品。店长可以在内部专栏上刊登相关照片和开展各种活动的情况，以此增加酒店员工的凝聚力和向心力。

特别提示：

热忱帮助员工，消除等级观念。酒店店长在某种意义上，应该起到酒店管理层与员工、员工与酒店管理层相互沟通的桥梁和纽带。

八、酒店危机公关

（一）认识连锁酒店危机的种类

在现代市场经济环境中，连锁酒店的生存和发展与社会生活的方方面面息息相关。酒店在其发展过程中，不可避免地都会发生一些危机管理预案问题甚至面临“危机”，这些情况都可能对酒店造成伤害，或造成直接的经济损失，甚至导致酒店的倒闭和破产。对一家酒店来说，是否建立起一个完善的“危机”管理机制，从容地应对和处理“危机”，将是对酒店生存能力、应变能力和竞争力的一个重大考验。

酒店危机的种类大多数都是由各类突

发事件造成的，具体危机种类可以参看本书第一章相关内容。

（二）制订危机公关预案

酒店的“危机管理”，就是对可能引发产生经济损失和对酒店信誉有损的人和事进行有效的防范。同时，建立起应对危机发生时的有效的处理预案，以达到尽量避免、及时处理、尽力挽回损失或信誉的目的。从某种意义上说，酒店的危机处理实际上是一场酒店形象的保卫战。

店长对酒店形象的塑造，要靠平时的点滴积累和发生危机时的处理。特别是在危机处理上，各部门员工的良好表现，是重塑酒店形象的关键。为了避免在危机发生时惊慌失措，店长应认真制作危机公关预案，以便各种危机发生时，酒店能应付自如，如下例所示。

【范例 29】

××连锁酒店危机公关预案

日前，本酒店举行婚宴时因错误地选择了质量不过关的熟食产品，而导致数10名客人中毒住院，对酒店的声誉造成了极坏的影响，为了缓解酒店的危机处境，重塑本酒店的形象，特拟此预案。

一、处境分析

日前本酒店举办婚宴时，由于某食品公司送来的熟食质量不过关，导致数10名赴宴的客人中毒住院，电视、报纸等媒体纷纷予以关注，媒体不明就里，把矛头直指本酒店，使本酒店的声誉严重受损，很多新老顾客都对本酒店的食品安全问题产生了怀疑，致使本酒店本季度的营业额下降了15%，酒店现在的处境十分危急，必须采取正确有效的公关措施解除危机。

二、制订具体方案

1.危机处理的准备阶段

（1）成立专门的危机应对小组。包括从公关公司、客户方面要有专职人员24小时对危机的发生和蔓延进行监控，同时每一阶段的处理结果都要形成决议，以便向外公布。

（2）全酒店上下都要明确处理危机公关应注意的要点：

随手札记

①勇于承担责任：无论谁是谁非，都不要企图推卸责任。

②要真诚沟通：酒店应把自己所做所想的，积极坦诚地与公众沟通。

③第一时间处理：危机发生后，能否首先控制住事态，使其不扩大、不升级、不蔓延，是处理危机的关键。

④规避系统性风险：在逃避一种危险时，不要忽视另一种危险。在进行危机管理时必须系统运作，绝不可顾此失彼。

⑤取得权威部门实证：酒店应尽力争取政府主管部门、独立的专家或机构、权威的媒体及消费者代表的支持，而不是自己去徒劳地解释或自吹自擂。

（3）酒店上下在对外发言时要统一口径，由酒店的权威机构直接或委派一个专门的发言人对外公布相关事宜。切忌酒店的领导或员工随意对外发布不一致的信息。

（4）制定好危机应对方案。

①对公众主动承认自己的过错，勇担责任，给公众树立一个敢于承担责任的企业形象。

②请政府食品安全检察部门来酒店检查，并向公众公布检查结果，以表明酒店的食品安全卫生情况是合格的。

③与媒体合作，向公众说明事情的原委和真相。要引导公众的思想，不要让其他不良报道误导消费者。

④到医院去探望中毒的顾客，向顾客道歉，做好对顾客的理赔工作，希望得到顾客的谅解。

⑤针对本次的事件向顾客做一次问卷调查。了解消费者对本酒店此次事件的了解程度、具体看法、对本酒店的信任度以及其他消费需求等。

⑥根据调查问卷的分析结果，了解消费者的需求和担心的事项，然后制定出相应措施。比如，如果调查结果显示，消费者对本酒店的食品质量产生怀疑。我们可借鉴IBM公司采取的食品安全预案，重建消费者信任感，即为食品企业提供能将物流和信息流供应链有效连接起来的一整套全面的软件、硬件和服务，为客户实施一个“全价值可追溯性”系统提供分析和计划，还能提供“IBM食品安全管理器”等预案，这些技术和创新可以帮助酒店增加透明度从而重建消费者对酒店的信任。

2.危机的处理阶段

展开在准备期制定的方针、政策，有步骤地实施危机处理策略。实施时要灵活变动，时时回馈，根据具体情况适当变更。同时每一阶段的处理结果都要形成决议，以便向外公布。

3.危机的恢复阶段

展开一系列的促销活动，尽快地摆脱危机事件带来的销售低迷现象。

具体促销方案：

（1）价格促销：大酬宾，让利消费者。活动时间为一个月，凡在本月期间到本酒店消费_______元以内的顾客可享受9.8折优惠，消费________元可享受8.8折优惠，消费________元可享受7.8折优惠，消费_______元以上可享受6.8折优惠。

（2）广告促销：加大广告宣传力度，可在公车站牌处张贴宣传海报、在人多密集的广场处派发宣传单、加大电视广告的播出频率等。

（3）质量促销：保证优质产品，优

质服务。

（4）特色促销：开放式厨房，让每一位顾客可以很清楚地看到自己菜肴的制作方法，也可以让顾客看到我们服务的规范性、食品的安全卫生程度。

（5）口碑促销：利用公共宣传，发布新闻稿，请有公众影响力的人物发表讲话等。

（三）危机管理的注意事项

店长在处理危机事件时，对报纸、杂志、电视等媒体要特别留意。因为媒体对酒店的不良影响是不可估量的，小则受到经济损失，大则关乎酒店的生死存亡。

媒体在报道酒店事件时有三个特点：

（1）媒体对危机事件是以第三方的角度来看待问题的，所以媒体没有义务按照酒店的理解和希望去确定报道的角度或重点。

（2）媒体可能运用不准确的语言描述而背离了酒店所想表达的内容，因此，给酒店留下了危机的隐患。

（3）媒体报道的及时性。也正是由于媒体报道及时性，需要第一时间把报道发出去，所以，造成媒体对报道的事实，缺乏足够的时间调查，从而为报道的失真埋下了隐患。

店长要熟知媒体的这些特点。危机发生后，一旦媒体赶到现场，店长应选用训练有素的人员来担任酒店发言人，必要时可亲自担任酒店发言人、接受媒体与社会公众的询问，防止因词语表达不当产生歧义，而引起媒体或社会公众的误解；同时要规定统一的对外宣传口径，尽量通过媒体或召开新闻发布会，告诉社会公众发生了什么，酒店正在做什么。

在应对媒体时，店长应规定酒店除指定的对外发言人外，任何人都不要对外作非正式的声明，不允许酒店员工擅自对外发布任何消息。

店长在危机处理的过程中，不要一味推卸责任，而应该立即提出问题给予解决；任何人都不要背离危机发生后酒店商定一致的政策或应急措施，个人擅自作出

随手札记

其他决定。

特别提示：

店长应以真诚和积极的态度来处理危机，必要的时候可以邀请社会上公正、权威性机构来协助调查、解决危机，确保社会公众对酒店的信任。同时，还要时刻准备把握危机中的“机遇”，尽可能最大限度地减少危机给酒店声誉带来的影响，建立起有效的沟通渠道，使酒店转危为安。

九、开展外包工作

随着酒店行业的持续深入发展，我国酒店经营也逐渐从粗放化向专业化过渡，很多业务逐渐被外包出去交由专业公司来完成。

业务外包又称资源外取，是将一些传统上由酒店内部人员负责的非核心业务，以外加工方式发包给专业的、高效的产品（服务）提供商，以充分利用酒店外部最优秀的专业化资源，从而降低成本、提高效率，目的是增强酒店自身的竞争力。

（一）选择承包商

寻找承包商的途径有：

（1）向本地区的其他酒店了解：他们用过哪些承包商？那些承包商的成绩如何？

（2）与现在使用的较高级设备的制造商联系。制造商可能提供其产品的维护和修理服务，可能会推荐一位承包商来承接这项服务。

（3）从指南、名录之类的书上去查各种承包商协会，从中找出符合专业要求的协会，这些协会可提供你所需要的承包商；也可以从电话簿上查找承包商。通过初步的电话联系，然后确定是否需要进一步联系或接触。

（4）通过招标的方式选择承包商。店长可以向社会公开发布招标公告或者招标书，吸引承包商参与投标。

（二）承包商能力的审查

承包商的选择应基于一种长期合同安排。承包商和酒店在履行合同期间必须以团队的精神配合工作。在这方面还应考虑以下的重要问题：

（1）承包商是否有足够的人员来支持该项目工程？这些人在承包运作和维护工程方面是否有经验？

（2）承包商选择何人作他（她）的项目经理？此人是否有3年以上的相关工作经验？承包商是否真正了解自己所推荐的项目经理的能力？该项目经理在监督运作和维护工程方面是否经验丰富且技术熟练？

（3）承包商能否提供足够熟练的监督员来管理工程？他们的经验和背景如何？他（她）是否会雇佣不了解的人参加这项工程？承包商能否提供足够的辅助或专业监督员？

（4）承包商是否完全了解每个专业技术人员的基本技术、专业技术和能力水平？

（5）承包商的公司和主要人员是否受到各工会和工会成员的尊重？

（6）承包商是否更喜欢管理短期经费，是否愿意遵守正式的劳务协议？承包商是否在获得劳务协议规定的条件之后仍能公正地对待工会成员？

（7）承包商的专业服务是否配套？其服务是否符合你的要求？若不符合，你是否愿意分担工程的责任？承包商是否拥有必要的设备、工具和设施来支持你的运作？

特别提示：

一般很难获得以上这些问题的全面而详细的答案，有些承包商在谈到他们的能力时喜欢夸大，这就需要店长深入调查并采取"实事求是"的态度；在作出任何结论之前一定要了解真实情况。

（三）签订外包合同

1.合同的类型

通常可选择的合同类型有年度预防性维护协议、两年以上预防性维护协议和根据服务需要拟订的协议。其他类型还有特殊设备特别频繁时的服务和应急服务。

不论选择哪种类型的服务合同，店长都应指定一个工程师或监督人员定期审查承包商的报告。这样安排可监控工程的进度，并迅速发现工程质量和费用是否存在不符合合同规定的可能。

2.合同签订的要求

合同应将设备和系统服务的全部细节写进服务合同中去。签订的合同应保证在合同有效期间承包商对因其工作质量不好或材料质量不好所造成的损失负责修复，而不需酒店增加费用。

如果设备或系统的安装有规定的最后期限，建议在合同内写入违约期罚款条款，以保护公司利益。

3.合同的内容

合同的内容如图4-3所示。

随手札记

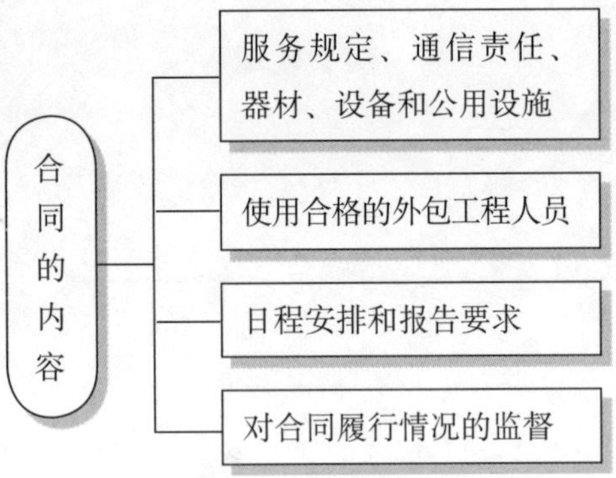

图4-3　合同的内容

（1）服务规定、通信责任、器材、设备和公用设施。

一旦确定了承包商必须提供的具体服务，这些服务必须写入支持性服务协议内，作为以后划定各方责任的最高条款。换句话说，对各方的责任和义务必须有一个确定的理解，例如，由谁负责提供器材、设备和公用设施，哪些费用包括在协议之内，所包括的劳务范围等。

（2）使用合格的外包工程人员。

应在协议文字中规定，现场工作的每个雇员证件的性质和雇员自身的水平都应达到工程所在地区法律法规的要求。

（3）日程安排和报告要求。

任何承包协议都必须包括基本的维护运作日程表，以及一项按照协议完成维护和运作水准的报告。相应地，承包协议应包括一张检验单或与有关监督人员联系的日程表，作为报告要求的一部分。

在合同中还要规定什么事情是不能做的。换句话来说，任何外包协议的基本范围皆不相同，所以，必须有要求完成并许诺付费的服务项目清单。但是为了避免任何对条款和要求的误解，最好是同时规定哪些服务项目和哪些零配件与器材不须由承包商提供（例如，是否将磨损的零件包括在合同内），以及哪些协助工作不属于酒店的工作范畴。

（4）对合同履行情况的监督。

在任何外包协议中，对合同执行情况的监督必须由内部人员负责。虽然这一要求明白合理，但最好还是规定监督的性质和范围，以避免发生任何可能的问题。

（四）合同谈判

在最终签订书面合同之前，应安排好合同谈判的初始步骤。具体来说，在开始洽谈合同之前，必须详细阐明其需要。

一个好的做法是将这些要求以书面大纲形式详细列出，招标建议书或承包服务要求这两种形式皆可。不论是哪种情况，主要目的是将酒店的期望让承包商完全明了。而且，所有这类文件必须包括在最终的合同内，或以附录及其他形式附在合同后面。

（五）签订外包合同

完成合同谈判以后，店长可以与承包商签订外包合同，确定外包事项，并就相关条款作出明确规定。

十、季度工作总结

每个季度结束时，店长都应对酒店整体工作进行总结，同时要与季度工作计划进行对比，看看计划中的工作是否顺利完成，如果没有，则应找出问题，并在下一季度的工作中着手解决，如下例所示。

【范例 30】

×× 连锁酒店
×××× 年第一季度工作总结

第一季度以来，××酒店在董事长的正确指导下，在酒店全体管理者以及全体员工的努力下，以创造“三个价值”为宗旨，以实现××品牌服务为目标，紧密结合“凡是客人见到的都是整洁美观的，凡是客人使用的都是安全有效的，凡是员工接待客人都是热情友好的”这一服务理念，坚持“创业、敬业、尽心、尽责”，切实加强了酒店的员工队伍建设和文化建设，第一季度各项工作有序开展，为××××年一整年的工作奠定了良好的基础。现将××××年第一季度酒店各项工作汇报如下，请董事长、各位领导以及同仁们予以审议：

一、第一季度营收情况通报

1月份398.5万元，去年同期为317.2万元，超出20%；2月份为280.6万元，去年同期为270.8万元，超出3.4%；3月份296.4万元，去年同期226.9万元，超出23%。

总体来说，今年第一季度975.5万元，比去年的814.9万元超出160.6万元，超过比率16.4%，也就是完成预定目标并且超过66.8万元。

二、第一季度工作回顾

（一）广开渠道，经营创收

经营工作是我们全部工作的核心，第一季度以来，酒店紧紧抓住两大主营部门——客房、餐厅，在现有条件下努力开拓市场。通过酒店全体员工的共同努力，酒店第一季度总营业额975.5万元（不包括外包项目）。

营销部针对酒店以往出现的缺少市场调研、合理定位、渠道划分等种种问题，在酒店领导班子的带领下制定了新的“销售方案”。在原有协议公司、上门散客等销售渠道的基础上，拓展增加了会议、团队、同行、VIP等渠道，由片区经理专门

随手札记

负责，并按各渠道客源应占酒店总客源的比例，相应地按比例分解指标。这样，一是划分渠道科学，二为分解指标合理，三能激励大家的工作责任心和促销的主动性，四则明显促进了销售业绩的提升。

客房部在保持房价稳定的基础上，总结经营管理上的经验、不足，消化吸收同行的经营理念，想方设法开发新项目（客房迷你吧更换了新品种）、推出周末房价与非周末房价等，稳定和提高了住宿率。

餐饮部从主观上反省和总结去年在经营、管理上的不足和缺陷，强化内部管理，加强了对服务人员的教育、引导、培训，使服务质量得到一定的改善，团队的凝聚力、向心力不断增强；同时，为适应大众化消费这一趋势，在力求菜品价格合理和口味、质量稳定上下工夫，采取灵活多样的经营模式，找准经营定位，出主意、想办法，推出美食节活动，以进一步提高了餐饮营业额。酒店全体员工发扬以往“不怕苦、不怕累”的精神，克服困难、牺牲个人休息时间加班加点，使酒店第一季度营业额超额完成。

（二）狠抓管理，节能降耗

第一季度以来，在人员成本控制、能源用度、物料损耗等方面进行了非常严格地控制。

在营销方面，酒店积极召开内部分析会，对超过三个月的应收款进行分析，对部分协议单位进行了清理，加大了拜访和宣传力度。

在餐饮方面，经过总结与分析，重点加强了对营业用品费用的控制。第一季度加大了对酒宴的宣传力度，争取提高周末酒宴与非周末酒宴举办的数量和质量。进一步加大酒水的推销力度，争取多上架客人喜欢的酒水饮料，同时培训好员工对酒水的熟悉度以及介绍、推销能力。

在客房节能降耗方面做了大量的细节工作，针对一次性消耗品呈微量上升趋势的问题，加大了监督力度；同时联系了供应商对使用过的小肥皂进行回收再利用，梳子和拖鞋由客房部自行回收再利用。

在工程方面，加强对员工节能意识的培训和宣传。对水电、空调进行了严格控制，对部分使用场所的水龙头水流量进行控制。同时加大了巡检力度，注意设备设施的维护、保养，本着保养和维修相结合、修旧如新的原则，总结并改进不正确的容易损坏设备设施的操作方式，尽量将问题消灭在萌芽状态；将维护保养具体贯彻到日常操作的细节中，必要的环节要形成制度，督促员工培养良好的操作习惯。

在财务方面，加强对每日收入的审核，避免了各收银台的漏洞；对各项账款及时催收，尽量避免了跑账、漏账、死账的发生。扎实做好了成本核算和成本管理的各项基础工作，严格控制了酒店非生产性支出，降低了酒店的各项管理费用。在采购环节上，严格坚持审批制度，用多少采购多少，采购部门及时与仓库沟通联系，并配合做好库存的盘点工作，避免了物资积压。

在办公室方面，主要围绕降低人员成本控制方面着手：出台各项管理制度，使于办公室统一管理，即降低成本、节约资源。第一季度酒店总体在编人员在180人左右，处于缺编状态，但在这种情况下依然保持了酒店的正常经营。

三、第一季度社会效益

1.充分利用媒体（××报社、××新闻网、××论坛等）刊登酒店信息，引导正确的舆论导向；利用局域网、宣传栏、横幅、电子屏等各种有效形式，对酒店开展的活动进行广泛宣传，扩大了影响力和知名度，确保了各项工作落到实处。

2.圆满完成××县“两会”接待任务。酒店作为“两会”指定接待单位，全面做好了各位与会代表、委员的接待和会务安排工作，受到了县委、县政府领导和驻店代表、委员及工作人员的一致好评。

3.积极上报各项荣誉申请，成功荣获××××年度××市旅游星级酒店“品质提升示范企业”荣誉称号。第一季度，酒店各部门针对优质服务、质量管理、企业文化建设等方面进行了交流学习，积极转变思想、强化引导，对各项工作进行了周密部署，明确方针、责任和任务，全面提升了酒店的管理水平，使市场赞誉度不断提高。

四、不足之处

在看到成绩的同时，我们也要清醒地认识到当前工作还存在着一些不足之处，主要有：

1.理论学习方面有待进一步加强，用理论去指导实践，用新思想和科学理论解决工作中出现的新问题、新情况。

2.酒店的各项管理制度还需进一步健全完善，有些制度的针对性、操作性与现实有一定差距。

3.人才引进比较困难。

4.酒店上下的凝聚力还需进一步加强。

随手札记

一日工作安排与落实

一周工作安排与落实

月度工作安排与落实

季度工作安排与落实

年度工作安排与落实

管理心得

管理心得，其实是连锁酒店店长对自己个人工作的总结。可以是对某一个事件的看法，也可以是某一项工作的实施计划；可以是成功的经验，也可以是失败的教训。

我的季度管理心得

已办事项	
未办事项	
待办事项	
通过这一个季度的工作，我最大的收获是：	

第五章

年度工作安排与落实

年终又到了，要对本年度酒店工作进行总结，同时要制订下一年度计划、实行年终部门大检查……

这个时候可以说是店长忙得团团转的时候。

其实，你也可以不用让自己显得如此忙碌，比如：

提前将年终各项工作做好安排，让每件事情都按照计划进行。当然，预留一定的时间来应对突发事件，可以让你的年终各项工作更好地完成。

一、年度工作总结与下一年度计划

年度总结包括店长个人和酒店两种，这里讲的年度总结就是整个酒店的总结。当然，无论是哪一种，店长都不要忽视。

年度总结到底该如何写才能引起领导的关注和重视，并能更好地指导来年的工作呢?这就是店长必须重视的问题。

如果做到文、数、表、图综合运用，甚至是多媒体的演示，将要表达的核心思想准确、清晰、生动地呈现出来，会更能得到领导认可。考虑到不同领导的风格偏好，也可以在形式与内容等方面有不同侧重。

当然，所有的形式都要为内容服务，要想全面系统地做好年终总结，一般来说，可按照以下几个方面来组织内容。

（1）工作业绩，包括酒店所取得的成绩。

（2）酒店建设，包括酒店的制度建设、员工的工作能力和工作士气的提高、团队协作的改善等。

（3）将酒店各部门之间有效协作的情况反映出来。

（4）对希望解决的问题，提出问题并提供相应的解决对策。对于实在是没办法解决的问题，必须明确提出解决问题需要的资源和支持。

【范例 31】

××连锁酒店年度工作总结

尊敬的董事会领导、全体员工朋友们：

大家好!

2011年酒店在董事会领导的正确指导下，在各部门经理及全体员工的大力支持与辛勤付出下，按期圆满完成了酒店的各项工作任务，继续保持了酒店三年以来的持续高出租率势头，取得了较好的经济效益和社会效益，为酒店明年的发展奠定了良好的基础。为了总结经验、吸取教训，为下一步工作的开展提供指导，现将2011年的工作总结如下：

一、工作回顾

2011年度，通过酒店全体员工的团结协作，不断努力，顺利完成了以下几个方面的工作：

一是比较圆满地完成了酒店的经营创收任务。

酒店2011年度共接待客人___万人次，接待旅游会议团队___个，散客团___个，网络订房___间。

截至2011年12月25日，酒店2011年度共实现总营业收入___万元，与2010年度相比增长了___万元，增幅为____%，与2009年度相比增长了___万元，增幅为____%。2011年度酒店实现利润总额为_____万元；与2010年度相比增长了_____万元，增幅为___%。2011年度酒店住房出租率为___%，与2010年度相比增长了____%；平均房价___元/天，与2010年度相比上升了___元。

从数据分析来看，酒店客房2011年度月平均收入为_____万元，超额完成2011年月均最高任务指标______万元，与2010年度相比增长了_______万元/月，增幅为_____ %；酒店每月餐饮收入较为平衡，保持在月均_____万元之间，与2010年度相比上升了____万元/月，完成了2011年度任务指标的一档。

二是加强市场营销，做好客源调整，保持客源群体的稳定和扩大。

酒店根据自身特点，制定了酒店的营销方向：以企事业单位为主，兼顾旅游散客形成客人目标群，通过网络、邮件、拜访、电话、促销等营销手段，与客人签订协议，做好客源结构调整，保持客源群体的稳定和扩大，为酒店营业收入的持续提升奠定了基础，2011年度营销方面的工作开展如下：

1.发掘更多更好的协议单位。

2011年初，营销部对所有协议客人进行消费评估，解除消费少、信誉差的客人的合作协议，制订了2011年客源开发计划，加大了开发新客源的营销力度，将营销触角伸向了周边地区，新签订了____家有较大消费能力的协议单位，其中____等单位 都成了我酒店2011年度全年消费十佳协议客人排名的前五名。

截至2011年12月底，酒店在2010年的基础上新发展协议客人___位，现共有协议客人____位。2011年度，协议单位共入住了___间房，为酒店全年创收____万元，占酒店收入的___%。

2.前台电话预定中心的推广。

随着酒店知名度的提高，酒店大部分门市和协议散客都通过电话预订入住我酒店，通过客房的预售，酒店可以充分合理地完成对房态的控制，更有利于前台与楼层的配合。为体现酒店对客人的贴心服务，自2011年11月份起，酒店在前厅安装了酒店信息平台，规定对每天的前台预订客人发送订房确认信息以及在节假日到来之际发送节日问候信息，深受客人的好评。

2011年1～12月，酒店通过前台预定入住的客人共入住___间房，相比2010年增加间，相当于酒店每天有近___左右的房间是通过预订销售完成的。

3.做好对会议、团队的客房销售接待等一系列跟踪服务工作。

2011年度，通过营销部员工的不断努力，酒店成功接待了××省××知名企业的会议团体。酒店客房部、餐饮部、前厅部、营销部的会务接待人员都提供了细致

随手札记

入微的服务，使各次会议、团队接待都取得了圆满成功，获得了客人的肯定和赞同。

截至2011年12月底，酒店共接待会议团队用房_____团次。2011年度，会议团队共入住了___间房，为酒店全年创收___万元，占酒店收入的__%。

4.调整思路,加大促销措施,吸引客人,拉动消费。

2011年，酒店以节假日为主轴开展了一系列的促销措施，规划较大的主题活动有六次，如："兔年吉祥，优惠尽享"——2011年春节促销活动；"店庆×周年，感恩大奉献"——2011年店庆×周年整体活动；"清凉一夏"暑期促销活动；"花好月圆夜，喜迎中秋节"促销活动；"体验养生韵律，畅享怡静生活"——2011年秋冬季酬宾活动；"迎圣诞，贺新年"——2012年新年促销活动等。这些活动的开展给客人带去更多优惠和惊喜的同时，更让客人感觉到了酒店的活力与变化，获得了客人的积极参与，不仅拉动了整体消费，促进了出租率及营业额的上升，更提高了酒店的知名度。

三是制定并完善了各项制度，规范管理，细化各项服务措施，抓好培训与考核，促进酒店健康发展，提高客人满意度。

酒店的发展要有经济的支撑，更需要加强自身内部的管理来适应市场的需求。2011年，酒店主要工作是围绕完善、落实酒店各部门运营管理制度来展开，通过培训、督导来确保工作成果。

1.制定并落实各项管理制度，做到管理规范化。

2011年，酒店落实了《酒店质检小组职能及质检程序》、"酒店2011年度员工培训计划"、《酒店业务招待费用管理办法》、《酒店员工考勤补充规定》，并根据要求，对酒店前台管理系统进行了更新，对治安消防设施进行整改以求达标。

按照酒店日常质检管理办法，在2011年度酒店共奖励___人次，奖励___分；处罚了____人次，处罚____分。通过质检工作，在一定程度上扼制了重大质量问题的产生，对提高全员素质起到了很好的促进作用。

2.加强培训、督导、评估，提高员工队伍素质。

培训是企业给予员工最好的福利。经过多年的运作，酒店已基本进入了成熟的发展道路。为了更好地打造服务品牌，提高客人的满意度，酒店狠抓员工的培训教育，以不断提高员工队伍素质。

2011年度酒店初步建立并完善了培训、督导体系，且重视培训教材建设，自编了《酒店管理实务》。通过集中培训、部门培训来增强培训效果，并建立员工培训考核表、员工工作表现评估表来督导、评估员工的培训效果及学习情况。

2011年，酒店多次开展集中培训，包括员工手册、员工公共礼仪、酒店消防知识、××省旅游知识的培训，各部门每月进行技能及流程培训，加强员工的服务意识，确保酒店的工作流程贯彻落实。

培训的加强，让我们在2011年度涌现了很多服务小亮点：客房服务中坚持每人每天给一位客人留言问候服务、坚持送晚安糖果、牛奶赠饮、送报纸、烧开水等；前厅服务中的VIP服务、退房免查服务、等房赠饮茶服务等。

另外，为了不断提高员工的业务技能和综合服务水平，增强员工之间的业务交流，形成比、学、帮的良好氛围，上半年，酒店开展了“2011年全员岗位考核验收工作”，全酒店掀起了一场岗位练兵热潮，有效地提高了员工的专业技能水平和酒店整体对客服务质量，也稳定了员工队伍。

通过以上一系列的培训与评估工作，对部分员工进行了晋级、升职评定，2011年度，酒店共有____人次晋级，____人次升职。

四是通过管理创利，深挖潜力，开源节流。

2011年，为最大可能地创造经营利润，酒店把开源节流、增收节支作为一项重要工作来抓。为降低酒店运营成本，提高酒店经济效益，在年度预算计划的指导下，主要围绕控制人力资源、易耗物品、能源消耗等三个方面展开。

1.合理用工，严格控制人力成本。

2011年度不但做到了合理管控人员编制，各个部门还采用一系列集约化、创新性的技术创新方式，不但提升了员工的核心竞争力，还做到了节约人力成本。

客房部通过工作效率表、员工转正考核晋级制度等一系列激励措施，提高员工的工作积极性，增加员工的收入，酒店在客房出租量增长、员工不增加的条件下，打扫客房的速度及质量显著提高。

2.从严管理，控制易耗物品的消耗。

酒店一直在员工中灌输成本意识、节约意识，并落实在具体的工作之中。

客房部在日常工作中对员工灌输“节约一分钱便是盈利一分钱”的思想。每天凭住房用量表到仓库领取当天耗用品。布件每天早、晚盘点2次，防止流失。员工在做房操作中，卫生做到哪里才能开哪里的灯。制定部门条例，对未按要求做的员工进行扣款，对不认真按要求执行和督导的领班、主管进行扣款。在全部门共同努力下，2011年度各项成本费用均控制在指标内，年终盘点布件、物资基本无流失。

餐饮部将成本考核纳入员工日常考核中。财务部为加强对餐饮日常材料采购价

随手札记

格的监督，在2011年初配备了三名物价员不定期对原材料价格进行市场定价，将供应商的价格严格控制。

另外，还采取措施制定菜品标准成本；控制餐巾纸发放，一张餐巾纸分成两份用；提高食品材料的使用效率等。

财务部除配备物价员对采购材料的价格进行监督外，还对客房部、餐饮部的易耗物品、酒水要求建立二级库存台账，按酒店销售要求编制销售日报，及时了解进销存情况，从而控制成本并最终降低成本。

各办公室为提高办公用纸的使用效益，A4纸正反面使用，除红头文件外，通过网上办公传递文件，减少办公纸张费用。客房部、前厅部草稿纸使用废弃纸张等。

3.开源节流、尽力控制能源消耗。

通过控制空调温度、与科工办协调调节水温、清查漏水、改装节能灯、装感应开关等一系列措施，在2011年度,虽增加了七楼的_____个房间的使用，但酒店2011年度水电、空调费与2010年度相比只增长了___万元，为___万元。

另：工程部在年初对酒店美食舫的厨房炉灶进行了修复并进行了节能改造，然虽投入费用有___元，但其给酒店每月节约的煤气费用就有___多元。

特别提示：

年终总结既不能只有客观数据、理性分析的“一目了然”，也不能像纪实文学般的长篇报道，而应该是一个有系统性的报告，是一个能把形式和意图结合得很好的总结。

二、制订年度工作计划

每年年末时，店长除了要对一年的工作进行总结，还要做好来年的工作计划。下例是某连锁酒店店长的年度工作计划，仅供参考。

【范例32】

××连锁酒店2012年工作计划

2012年是××连锁酒店入驻××新区并投入运营的第三年，也是提升管理服务，实现经济腾飞的关键之年。因此，如何客观分析竞争对手、发挥自身软硬件优势、拓展营销渠道；如何将“精、细”二字贯穿于经营管理过程中，提高员工素质和服务技能，是夯实内功，扩展业绩的迫切需求。

根据现状和预测分析：××新区现有星级酒店26家，其中三星级以上酒店18家，在建的酒店十余家，随着周边酒店拔地而起，将给我们的经营管理带来压力。如何在竞争中求发展，唯有夯实内功，做精做细。为此，2012年我们将围绕“强化经营能力、拓展营销渠道、完善制度流程、控制成本能耗、提升服务水平”的经营思路，确定经营目标任务为1540万元，争取再创佳绩。

一、拓展营销渠道，细分客人群体

一是在做好接待服务的基础上，完善

客人档案，细分客人类别，实时把握客人的需求，培育稳定的消费群体。具体方法为由营销部主要负责，建立详细的客人档案信息资料，分析客人的消费频率、额度等因素，选择符合酒店发展需求的重点客人群体，加强维护力度，培育客人的忠诚度。

二是结合周边市场，及时调整价格，灵活组合硬件资源，宣传推荐各类产品，创造更大效益。具体做法为经常性地考察周边酒店市场，掌握竞争对手的价格体系，及时调整自身的价格体系，使其具有较强的市场竞争力和性价比，同时扩大酒店的宣传，特别是酒店会议室、五楼新餐厅等具有特色的产品。

三是拓展营销渠道，通过策划促销活动、推出贵宾卡等方式挖掘潜在客源，巩固和扩大影响力。具体做法为由营销部根据酒店经营情况和各个节气，策划客人答谢会和团拜会等活动，拉近酒店与客人关系。同时，完善并推出贵宾卡系统，丰富客人的消费方式，增加酒店现金流，减少坏账。

二、加强制度建设，完善运营流程

一是对管理制度和安全制度重新梳理，制定切实可行的管理手册和安全手册。具体做法是在2012年，由综合办公室主要负责，根据酒店的实际情况，分阶段汇编整理管理手册，内容包括员工手册、岗位职责、规章制度汇编等内容；安全手册，内容包括安全管理规章和各类安全应急预案；管理手册和安全手册将作为酒店管理的大纲，为酒店的管理提供翔实的参考依据。

二是完善各层次的运营流程，编制各类表单，达到提高效率和协调运营的效果。具体做法为由财务部主要负责，对酒店各部门、各岗位的工作流程进行重新修订，明确各自职责，并根据岗位需求设计、制作、印刷各类经营用表单，使部门内部、部门与部门、部门与监管部门的流程运作顺畅，为经营管理提供准确、翔实的数据。

三是签订目标责任书，推进全面质量检查工作，将薪酬制度与绩效考核挂钩，岗位晋升与岗位考核挂钩，明确和完善岗

随手札记

位责任，确保制度的有效落实。具体做法为根据酒店历史数据拟定2012年的经营目标任务，并按部门分解至每月，通过签订经营、安全、固定资产管理目标责任书明确各部门主要职责。由综合办公室具体负责，继续完善薪酬制度，通过设定销售奖和每月进行考核，体现同岗不同酬、多劳多得的竞争薪酬制度。大力推进质检工作的开展，逐步由静态督查过渡到动态督查，将奖罚制度完善并与质检结果配套。

三、强化财务监督，开展节能降耗

一是加大对成本费用的控制和监督力度，严格审查财务收支，实现财务管理信息化。具体做法是由财务部具体负责，完善成本核算。

二是开展多种形式的节能降耗活动，建立节能减排奖励制度和成本节约奖励制度。

三是建立供货商竞标制度，把控源头，并延伸至库房控制和成本供应各环节，减少支出，增加利润。

四是突出产品特色，提升服务水平，重视培训效果。首先，餐饮产品从“精、细”入手，优选原料、精雕细琢，创新菜品，并结合客人意见不断提高出品质量；客房产品从“品质化”和“人性化”入手，加大硬件投入，细分客人需求，提升配套服务。其次，建立健全培训制度。采取“请进来，走出去”的方法，将日常培训与集中培训相结合，提高员工的整体素质。再次，建立客人意见征询制度，结合奖罚措施，促进服务整齐划一。

五是体现人文关怀，创建和谐氛围。首先，建立员工考核评估和管理人员述职制度，通过量化考核对服务技能和管理水平进行督导。其次，建立科学的薪酬制度、岗位晋升实施办法，结合考核评估，搭建公平竞争的岗位平台。再次，关注员工的成长和发展，帮助员工设计职业生涯，改善其生活环境，组织各种娱乐活动，提高员工的凝聚力和归属感，探索和发展符合自身特点的酒店文化。

四、需要解决的问题

一是酒店正门前方长期处于施工状态，无法开门迎客，也给客人带来了不便。建议协调有关建设部门，尽快修通门前道路，方便开展经营。

二是由于酒店经营以会议为主，没有专用停车位，停车难问题制约着酒店的经营。建议租用对面的公共停车场，满足客人需求。

感谢各位领导长期以来对××大酒店的关心和对外宣传，希望能够继续得到各位领导的重视和关爱。我们将不遗余力地为××大酒店取得良好的经济效益和社会效益而努力。

2012年1月

特别提示：

除了概述全年的工作计划，店长还应对每个月的重点工作作出详细安排，以便合理安排时间。具体内容可参考本书第二章第一节。

三、制订酒店年度预算

连锁酒店的年度预算一般包括三个方面，即制订收费标准、统计酒店成本和年度预算指标。店长应根据酒店各部门的预算情况，仔细做好安排，以保证预算达到平衡。下例是××连锁酒店年度预算，仅供参考。

四、制订年度活动方案

酒店工作一般比较辛苦，因为酒店要24小时运转，许多员工都要值夜班。为了激励员工士气，鼓舞工作热情，店长应该组织开展一些文娱活动，如拔河比赛、卡拉OK大赛等，丰富酒店员工的生活，使他们感到酒店的生活多姿多彩。同时，通

【范例33】

××连锁酒店××××年度预算

一、制定酒店收费标准

客房：

房间类型	房间数量	房间价格	总容纳人数
行政套房	2间	3188元/天	6人（三个床位）
商务套房	10间	980元/天	12人（其中8间为大床，另外2间为双床）
豪华大床间	8间	680元/天	8人（一个床位）
标准间	54间	580元/天	111人（其中包含一间无障碍间）（两个床位）
单人间	3间	480元/天	3人

注：客房总床位数约为137人。

随手札记

餐饮：

经营场所	经营产品	餐位/台位	备注
中餐厅	中餐	120～160人餐位	
A座4个包间		7张台共70个餐位	
VIP包间		12～14人餐位	
咖啡厅	咖啡、酒水	6个三人位，三组沙发	可增设铁板烧
多功能厅		240～260人餐位	

会议：

会议室名称	会议台型	会议人数	价格（小时）	价格（天）
多功能厅	可变形	300 ～ 500 人	1800 元 / 小时	15000 元 / 天
报告厅	可变形	100 ～ 120 人	800 元 / 小时	6000 元 / 天
会议室	课桌型	40 ～ 45 人	700 元 / 小时	5000 元 / 天

注：会议室最低2小时起租，全天会议包含午休时间限10小时内，10小时外按小时标准加收。

二、酒店成本统计

（一）能源费用统计

1.电

酒店使用电能统计：

楼座	使用电能	区域名称	区域电能	备注
一号楼	422千瓦	客房	230千瓦	
		餐厅	20千瓦	
		大堂	15千瓦	
		商品部	5千瓦	
		室外灯光	40千瓦	
		公共区	42千瓦	
		咖啡厅VIP包间	20千瓦	
		总统套房	40千瓦	
		应急灯	10千瓦	
二号楼	574千瓦	洗浴	211千瓦	
		1层照明	34.5千瓦	
		多功能厅照明	13千瓦	
		会议厅	100千瓦	
		2层照明	10千瓦	
		KTV包间	24千瓦	
		办公区	27千瓦	
		客房	180千瓦	
		3层照明	34.5千瓦	
		应急灯	25千瓦	
		厨房	170千瓦	
		宿舍	60千瓦	
工程设备		消防泵房	160千瓦	
		空调机房	428千瓦	
		锅炉房	96千瓦	
合计	1995千瓦			

2.煤

全年12个月按调试完成后1台锅炉保证运转情况下，冬季4个月保证取暖为200吨/月，其他8个月保证热水洗浴为60吨/月（含洗衣房），则全年用煤总计为1280吨，按560元/吨计算，则全年煤的费用为716800元，月均59733元，日均1964元。

3.水费

暂不做统计。

（二）人员工资

2月份工资267243元，按人员满编且转正后计算约为35万元。

直接成本为：350000+59733+165000＝574733（元/月）

三、酒店2010年度预算指标

营业指标截止日期：2010年4月26日至2011年4月25日

年任务指标：2000万元

指标范围：酒店营业项目所含的餐饮、客房、康乐、洗浴、KTV、会议、商品、会员卡销售收入和合作项目分成后的收入；董事会宴请、酒店领导宴请客户总消费的60%（含所赠会员卡）。

2010年收入预算构成

项目	客房	餐饮	康乐	会员卡	会议	其他	合计
预计收入（万元）	400	800	300	240	200	60	2000
占总收入（%）	20	40	15	12	10	3	100

月分解

月份	客房（元）	餐饮（元）	康乐（元）	会员卡（元）	会议室（元）	其他（元）	合计（元）
4月	210000	650000	200000	300000	100000	50000	1510000
5月	270000	630000	230000	200000	150000	50000	1530000
6月	300000	600000	240000	150000	150000	50000	1490000
7月	320000	650000	250000	150000	200000	50000	1620000
8月	360000	700000	250000	150000	100000	50000	1610000
9月	340000	600000	250000	150000	180000	50000	1570000
10月	360000	680000	260000	250000	180000	50000	1780000
11月	380000	690000	270000	250000	240000	50000	1880000
12月	400000	700000	270000	300000	250000	50000	1970000
1月	400000	750000	270000	200000	250000	50000	1920000
2月	330000	700000	250000	200000	100000	50000	1630000
3月	330000	650000	260000	100000	100000	50000	1490000
总计	4000000	8000000	3000000	2400000	2000000	600000	20000000

说明：

1.上述任务指标以财务结算日规定，自4月26日起，每月26日至次月25日为营业收入统计自然月。

2.客房收入指房费及客房所有商品收入，客房送餐服务的收入属餐饮部收入。

3.餐饮收入含中餐厅、咖啡厅、四个包间、VIP包间、送餐、外卖、多功能厅婚宴、酒水及康乐KTV小吃分成收入。

4.康乐收入指桑拿包间、康乐营业区商品、KTV、按摩等收入。

四、2010年客房收入预算明细

收入来源	平均房价（元）	客房收入（元）
协议公司、订房中心	310	800000
会议	260	800000
长住客、会员	220	400000
旅行社团队	240	1000000
上门散客	380	1000000
总计	280	4000000

说明：1.以上平均房价为客房不含早餐的净房价收入；
2.协议公司指商务签约公司；订房中心指携程、E龙、金色世纪网等网络订房中心。

五、2010年餐饮收入预算明细

项目	××宫	VIP包房	咖啡厅	多功能厅	酒水
早餐收入（元）	430000（房含餐固定）+70000（售卖）＝500000				
零点收入（元）	900000	675000	60000		405000
会议收入（元）	1200000	450000		300000	405000
团餐收入（元）	150000				
婚宴收入（元）	750000			550000	
VIP收入（元）		1125000	90000		540000
合计收入（元）	3000000	2250000	150000	750000	1350000
占总收入比例	40%	30%	2%	10%	18%
总收入（元）	8000000				

六、康乐部、会员卡、会议室及其他收入预算明细

略。

过这些活动还能加强员工之间的联系，使他们对酒店产生归属感。下例是××连锁酒店店长制定的年度活动方案，仅供参考。

【范例34】

××连锁某酒店年度活动方案

一、拔河比赛

比赛时间：每年的1月份由人力资源部根据当月工作情况选定。

比赛对象与方式：

酒店各部门自接到人力资源部通知起即进行准备，在规定时间内把以参赛人员名单报到人力资源部（男女混合组队，每队10人）。组队情况如下：财务部、销售部、总办、采购部组成一队；保安部、康乐部组成一队；工程部、洗衣部组成一队；前厅部组成一队；餐饮部组成一队；客房部组成一队；人力资源部组成一队。分两个小组进行单循环赛，取小组前两名进入四强赛，再进行循环赛决出冠、亚、季军，并给予一定的物质奖励（冠军×××元，亚军×××元，季军××元）。

比赛场地与时间：酒店沙滩或停车场。1月24日预赛、1月25日决赛。

比赛用具与裁判由人力资源部具体安排。

二、微笑小姐大赛

比赛时间：每年的2月份由人力资源部选定具体时间。

比赛对象与方式：

酒店各部门推荐2～3名参赛选手（不少于2名）上报人力资源部，每名参赛选手先进行5分钟自我介绍，再进行5分钟自由问答（问答题由人力资源部选定），最后，各位选手自选一项表演节目，由评委评分，共设5位评委，满分为10分，决出冠、亚、季军小姐与两名优秀小姐。分别给予一定的奖励（冠军×××元，亚军×××元，季军××元，优秀小姐××元/人）。

比赛地点：多功能厅或歌舞厅。

三、卡拉OK大赛

比赛时间：每年的3月份由人力资源部选定具体日期。

比赛对象与方式：

酒店各部门自接到比赛通知起，立即将部门参赛选手（每部至少两名）上报人力资源部。人力资源部进行抽签决定参赛选手的顺序，每位参赛选手选唱一首歌曲。共设5位评委，每位选手满分为10分，大赛设一等奖一名，二等奖二名，三等奖三名，优秀奖五名。分别给予一定的奖励，现场颁奖。（第一名奖×××元，第二名奖×××元，第三名奖××元，优秀奖××元。）

比赛地点：歌舞厅。

四、竞赛游戏活动

竞赛游戏活动时间：每年的4月份由人力资源部确定具体日期。

竞赛项目：拖拉机、象棋、围棋、台球等。

竞赛对象与方式：

酒店各部门自接到通知起，立即组织本部门员工参赛，每个部门至少参加其中三项比赛，并把参赛选手名单上报人力资源部，由人力资源部根据报名情况进行分组抽签；比赛第一轮为单循环赛，第二轮为淘汰赛，直至产生冠军；对于获胜者给予一定的物质奖励（第一名分别奖励

随手札记

×××元）。

五、酒店先生大赛

活动时间：每年的5月份举行，由人力资源部确定具体时间。

活动对象与方式：

由人力资源部下发通知，各部门至少上报两名参赛选手，每位选手在台上展示酒店员工的仪容、仪态和饱满向上的精神风貌。然后给大家进行5分钟演讲（演讲内容不限）。演讲完后由评委提供问答题，选手可从中抽出任意两道题来进行回答；回答完后，再由评委之一口头提问一道题。评委共设5位，满分为10分，最终决定冠、亚、季军和若干名优秀先生，并给予一定的物质奖励（冠军×××元，亚军×××元，季军××元）。

比赛地点：多功能厅。

六、酒店综艺竞猜活动

活动时间：每年的6月份举行，由人力资源部确定具体日期。

活动对象与方式：

酒店各部门均需选出3人组成一队参赛，共设6个队并列排在场上，场下设观众席，并设1～2名主持人。比赛方式：每队均需回答三道必答题，每题10分。必答题答完后进入知识抢答题阶段，每题5分，共24题（包括谜语、旅游知识、历史文化知识等），最后把六个队分成3组进行抬气球比赛，每队需选2位选手，2位选手齐心协力用背部把六个大气球从A处搬到B处，看哪一队搬得最快、最好。所有项目结束后，主持人给予统计分数，分出冠亚军，分别给予一定的奖励（冠军奖×××元、文化衫3件，亚军奖×××元、笔3支）。

活动地点：多功能厅。

七、我爱酒店演讲赛

比赛时间：每年的7月份，由人力资源部确定具体时间。

比赛对象与方式：

酒店各部门必须报1～2名参赛选手，以我爱酒店为主题内容，写一份演讲稿，题目自拟。人力资源部进行抽签，决定每位选手的参赛顺序，在多功能厅内设一演讲台，下设评委席与观众席；共设5位评委和2位计分员，每位选手满分为10分，比赛设一等奖1名，二等奖2名，三等奖3名，优秀奖若干名，分别给予不同的物质奖励（第一名奖×××元，第二名奖××元，第三名奖××元）。

比赛地点：多功能厅。

八、酒店员工服务技能大赛

比赛时间：每年的8月份由人力资源部确定具体时间。

比赛内容：客房部铺床与中西餐摆台。

比赛对象与方式：

客房部与餐饮部的各位员工均可报名参加，每个部门的参赛选手不少于5名，选手个人成绩采用百分制，分实际操作、抽签问答、仪容仪表三部分，满分为100分。客房部铺床实际操作60分，抽签问答30分，仪容仪表10分；中西餐摆台实际操作75分，抽签问答15分，仪容仪表10分。大赛设4位评委，各负其责，进行公正评分，客房铺床、中西餐摆台分设一、二等奖，分别给予一定的奖励（第一名奖×××元，第二名奖××元）。

大赛地点：多功能厅。

特别提示：

在这些活动中，店长可亲自担任评委，这样会显示出酒店对这些活动的重视，员工的参与度会更高。

五、组织开展店庆活动

在竞争日益激烈的酒店行业，如果想要让酒店长久地活跃在消费者眼圈，那么店长就必须经常有意识地选择一些契机举办专题活动，借以维护与消费者的良好关系，提醒消费者注意这家酒店的存在，巩固他们对本酒店的良好印象并不断强化这种印象，从而为酒店的持续发展营造一个互动和谐的内外环境。

店长应以酒店成立的年限举行相应的店庆活动，如成立三周年，就在成立日举行三周年店庆活动；成立五周年就举行五周年店庆活动。店长可以借助店庆活动扩大酒店的影响，提高经济效益。

（一）发表致辞

一般来说，在周年店庆活动上，店长要代表酒店发表致辞，主要是对董事会和消费者表示感谢，总结酒店的工作成绩，提出要求等，如下例所示。

【范例 35】

××连锁酒店三周年店庆店长致辞

尊敬的各位领导、各位嘉宾，亲爱的全体同事：

大家上午好！（掌声）

光阴荏苒，日月如梭，转眼间，××酒店度过了三个春秋。时事变迁，岁月沧桑，××酒店在拼搏中进取，在风浪中成长，在发展中壮大。

今天，红日高照，瑞气盈门。我们共贺××酒店三周年华诞，同时，也迎来了××酒店第四个创业的秋天！值此华诞荣庆和中秋来临之际，我谨代表全体员工向各位领导、各位来宾表示热烈的欢迎和衷心的感谢！向三年来，携手共进、共谋发

随手札记

展的八方客人和商务合作人士致以深深的谢意！向多年来鼎力合作、和衷共济的各位兄弟姐妹表示最亲切的慰问！

三年来，在董事长的正确领导下，我们把改善人才成长环境作为××酒店发展的重中之重。我们不定期地为员工增加福利待遇，开展节日聚餐、外出学习、节日联欢；定期组织“优秀员工”的评选以及业务知识学习、岗位技能培训；积极为员工排忧解难，把员工的利益放在心上、落到实处；同时也参加了本市许多公益活动，如捐助灾区、扶助残疾人、扶助孤儿院及贫困家庭等相关公益活动。

成绩和荣誉属于过去，展望未来，我们××酒店即将掀开新的一页，踏上新的征途。精彩的三年已经过去了，辉煌的明天就在眼前，为了我们的梦想，为了××酒店的明天走得更好、飞得更高，我们××人将齐心协力，同舟共济，为××酒店的发展添砖加瓦。在这个激动人心的时刻，让我们共同祝愿××大酒店今天这个平凡而有意义的日子，同时祝愿××酒店的明天更加繁荣辉煌！

此时此刻，我向三年来给予酒店关心、支持、付出的领导、同事、朋友们再一次表示深深的感谢！

谢谢大家！

（二）制订店庆方案

店长在店庆开始前，应当组织各个部门经理一起开会，商讨店庆方案。店庆方案要详细规定活动主题、优惠措施、执行人员等情况，如下例所示。活动过程应按照店庆方案如实执行，店长要随时保持对活动的控制，对出现的问题要及时解决。

【范例36】

××连锁酒店五周年店庆活动方案

一、活动举办单位：××酒店

二、活动目的：为庆祝××酒店成立五周年华诞，答谢新老客户多年来的惠顾与厚爱，扩大××酒店的知名度和品牌服务宣传，增加酒店的社会美誉度，同时利用五周年华诞，向目标客户群展示××酒店的服务特色和亮点，引导和培养长期客户、忠实客户，增强××酒店的社会竞争力。

三、活动主题：××酒店五周年华诞，浓情回馈大酬宾

四、活动成员：总组长店长

执行协调督导组长：人力资源部经理

成员：

执行营销策划组长：营销经理

成员：

执行物流采购组长：采购专员

成员：

执行酒店布置组长：客房经理

成员：

五、活动时间：××××年××月××日至××××年××月×日

六、活动内容

客房部。

活动一：活动期间凡入住××酒店的客人，将享受9折优惠，并将得到××酒店五周年店庆纪念品（待定）一份。

活动二：于××××年××月××日起，××酒店将增加10公里内专车接送、

衣服干洗、文件传真等服务，活动期间入住的客人将得到××酒店五周年店庆免费使用服务。

餐饮部。

活动一：活动期间凡一次消费满100元的客人，赠送18元消费券。

活动二：凡一次消费满300元的客人赠送58元消费券。

活动三：凡一次消费满500元的客人，赠送128元消费券。

活动四：凡一次消费满800元的客人，赠送258元消费券。

宴席乐园部——食在客人，乐在客人。

活动一：宴席满5桌者，每桌赠送28元消费券。

活动二：宴席满10桌者，每桌赠送38元消费券。

活动三：宴席满20桌者，每桌赠送48元消费券。

娱乐会所部。

活动一：活动期间一次消费满300元的客人，赠送38元消费券。

活动二：活动期间消费满500元的客人免费赠送××大酒店五周年店庆纪念品一份。

活动三：活动期间，前100名消费客人将得到××酒店娱乐会所全年9.5折VIP贵宾卡。

××酒店五周年店庆当天欢乐日。

活动一：周年日当天将举办唱歌比赛、台球比赛等节目，期间在××酒店用餐、入住等客人都可参加；比赛设有奖金、礼品等。

1.××××年××月××日20:00～22:00，将举办文艺晚会和幸运抽奖活动。

2.在每一桌上发放一份关于酒店发展历史和特色菜肴的宣传材料。

3.酒店工作人员在酒店一楼大厅搭建的临时舞台上抽取桌位号。

4.被抽到桌号的客人可到舞台上回答与酒店发展历史和菜肴有关的问题。

5.回答正确的客人可抽取奖品，奖品的中奖率控制在30%左右。

6.舞台搭建由市场营销部和后勤部负责，办公室协助，所需物品的采购由采购部负责。

随手札记

注明：届时欢迎在××酒店入住、用餐、娱乐的朋友前来参加。

七、准备

营销策划组。

准备一：礼品数量预算：________。

准备二：宣传资料——DM单页1000张、酒店手册200份、展架×个、光碟××张、电视播放内容、站台广告设计、车身广告等。

准备三：联系宣传媒体途径——电视台、LED、广告公司、车站、出租公交公司等。

准备四：资金预算__________。

协调督导组。

准备一：及时补充活动各项目人员缺口。

准备二：组织各项目小组开展会议讨论。

准备三：协助各项目组长对下属进行战前岗位培训。

准备四：拟定酒店此次活动的激励政策。

准备五：起草此次活动的活动规则。

物流采购组。

准备一：物资采购计划。

准备二：礼品公司资料。

酒店布置组。

准备一：店内、店外布置方案。

准备二：布置所需的硬件、软件。

八、执行

1.奖惩制度制定并签发。

2.任务必须责任到每一个人。

3.工作量一定要规划到每一个时间段。

4.活动中心及各项目组长一定要及时合理地利用、调度好酒店资源。

5.活动督导小组一定要起到协助、监督作用。

6.调整心态。

九、总结

1.此次活动的效率。

2.销售额。

3.客人是否满意与认可。

4.此次活动的亮点与不完善的地方。

5.各部门在此次活动中的亮点与不完善的地方。

6.此次活动中员工们的个人贡献与缺点。

六、组织年度优秀员工评选活动

为提升酒店的凝聚力，加强员工的集体荣誉感，同时塑造一个良好的企业形象，为员工提供一种融洽和谐的氛围、一个自我实现的舞台，充分调动全体员工的工作积极性和主观能动性，增强员工的管理及自我进取的意识，连锁酒店店长应在每年年末时举办年度优秀员工评选活动，评选出酒店的优秀员工。

特别提示：

通过评选这一过程，店长要号召全体员工以身边的优秀员工为榜样，认真执行酒店的各项规章制度和操作流程，以带动全体人员的综合素质及精神面貌的提升，调动员工的整体积极性，稳定员工，激励员工不断进取、保持高水准的优质服务，给员工一个展现自我价值的空间，让酒店和员工之间有良好的发展平台。

（一）制订评选规则

在开展评选优秀员工活动之前，店长应先制订评选规则。因为酒店员工分基层员工和管理人员两部分，店长在制订评选规则时要分别制订不同规则，如下例所示。

【范例 37】

××连锁酒店优秀基层员工评选规则

一、评选方法

评选原则：

1.优秀员工人选应以各部门基层员工为主。

2.优秀员工人选能够获得多数员工的认可。

3.评选过程中应注重对客观优秀事迹的收集和验证，并上交人力资源部存档。

二、评选条件

1.品德素养过硬、业务能力强、职业道德技能水平高、服务意识及态度端正、仪容仪表良好、执行力强、巩固团结、诚信务实、拾金不昧，在本岗位上发挥了重要作用，出色地完成了本职工作，受到本部门人员一致认同及赞扬。

2.有团队合作精神，工作时主动与同事沟通配合并加以引导。完全服从上级并能按其要求完成工作安排，严格执行酒店的各项管理制度、规程。

3.全年没有受过书面警告及以上处罚。

4.在服务、业务技能、管理、安全、环保、节能降耗等方面主动提出合理化建议，为酒店创造了良好效益或在其他方面作出突出贡献。

5.保持工作的积极态度，对酒店有忠诚度及奉献精神。

6.对酒店忠诚、敬业爱岗、乐于助人，与同事相处融洽，对领导尊重服从，对客人热情礼貌。

7.积极参加酒店或本部门组织的各类培训及活动。

8.服务质量、工作技能特别优秀突出，业务熟悉，能配合同事完成各项工作任务，无工作失误，未因服务态度遭客人

随手札记

投诉。

三、评选名额：7名

财务部、客房部、前厅部：各1人

餐饮部：2人

人力资源部、工程部：各1人

四、评选办法和要求

1.各部门于12月20日前，由部门经理召集员工公平、公正地评出候选人报人力资源部，要求针对《优秀员工评选规则》分别注明其特别突出事迹，或优秀表现。

2.所有参选名单上交后，由人力资源部组织各部门经理对参选人员进行复选，确定评选的最终人选。

3.人力资源部根据评选结果于12月28日上报店长。

4.人力资源部将优秀员工评选结果及资料整理存档，作为晋升和加薪的依据。

5.人力资源部负责联系摄影和冲印照片，并将年度优秀员工的照片张贴在员工宣传栏。

五、奖励办法

年度优秀员工可获得荣誉证书以及奖金×××元。

【范例38】

××连锁酒店优秀管理人员评选规则

一、评选方法

评选原则：

1.优秀管理人员人选应以各部门基层管理人员为主。

2.优秀管理人员人选应能够获得多数员工的认可。

3.在评选过程中应注重对客观优秀事迹的收集和验证，并上交人力资源部存档。

二、评选条件

1.忠于职守、勤奋务实、认真履行岗位职责。

2.维护酒店形象，爱护集体财物，保护酒店利益。

3.尊重领导、团结同事、爱护下属、乐于助人、积极主动帮助同事完成各项工作。

4.优先考虑整体利益，服从领导安排。

5.明确工作目标和发展规划，具有较强的协调工作能力。

6.熟练掌握本职工作的操作规范程序和服务标准。

7.在工作中不断观察分析、合理利用资源，完善酒店服务功能。

8.本着酒店的利益出发，提出合理化和创造性意见，为酒店提高经济效益和社会效益。

9.为酒店的节能降耗、降低成本、提高经济效益作出了贡献。

10.文明、和谐、礼貌待人，积极参加酒店的各项活动。

三、评选名额：2名

四、评选办法和要求

1.各部门于12月20日前，由部门经理召集员工公平、公正地评出候选人报人力资源部，要求针对《优秀管理人员评选规则》分别注明其特别突出事迹，或优秀表现。

2.所有参选名单上交后，由人力资源部组织各部门经理对参选人员进行复选，确定评选的最终人选。

3.人力资源部根据评选结果于12月28日上报店长。

4.人力资源部将优秀管理人员评选结

果及资料整理存档，作为晋升和加薪的依据。

5.人力资源部负责联系摄影和冲印照片，并将年度优秀管理人员的照片张贴在员工宣传栏。

五、奖励办法

年度优秀管理人员可获得荣誉证书以及奖金×××元。

（二）评选流程

为使评选更加客观、准确，店长应采用多级审核制。首先由各部门认真讨论，由部门经理提名，填报“评选推荐提名表”，送交人力资源部核查。然后由店长组织评审委员会对各部门提名员工进行评审，评选结果出来后，店长要将结果进行公告，并按评选规则进行奖励。

表5-1 评选推荐提名表

姓名		性别		年龄		入职时间	
职务				参评类别	□年度评选　□月度评选		
曾受过何种奖励							
主要先进事迹	年　月　日						
所在部门意见	年　月　日						
人力资源部意见	年　月　日						
店长意见	年　月　日						

注：此表适用于优秀基层员工、优秀管理人员的评选。

随手札记

七、酒店文化建设

（一）酒店文化建设的意义

企业文化是创造良好企业环境的基础性和根本性的问题。一家酒店的所有员工都自觉或不自觉地、有意识或无意识地受到这家酒店企业文化的熏陶、影响。因为，酒店企业文化是一种群体意识，是全体员工的共同信仰、共同工作的价值观。

特别提示：

酒店文化建设在连锁酒店店长日常经营工作中占据着显著位置，具有举足轻重的地位和作用。通过富有酒店特色的文化建设，统一酒店各部门价值取向，塑造员工队伍精神，挖掘酒店内在潜能，以最低的成本、最优的服务、最美的形象回报顾客，探索一条具有特色的酒店文化建设新路子。

全体员工以此来约束自己的行为规范。一旦形成了自己企业的独特企业文化，企业的经营管理也就步入了良性、正常循环的轨道，企业的内部环境必定十分优良，人际关系也一定十分融洽。

（二）执行理念识别系统

1.论证并确定酒店文化建设指导思想

在遵循酒店提供优质服务理念的前提下，围绕安全、质量、效益、形象等日常接待工作重点，突出职工之家酒店文化建设的特点，并确定酒店文化建设指导思想，统一部门和员工的价值取向，统领日常接待工作。

2.结合政治思想工作，抓好优质服务理念的宣传贯彻

（1）酒店重大接待工作前的形势任务教育。

（2）工作中的艰苦奋斗教育。

（3）接待工作中的克服困难教育。

（4）接待工作结束前的连续作战教育。

（5）接待工作全过程的安全、质量教育。

（三）执行视觉识别系统

通过对标牌、图例、办公用具的统一制作、设置来促进酒店文化建设，具体内容如表5-2所示。

表5-2　视觉识别系统

序号	类别	内容
1	办公区域	（1）标牌、图例。职责牌、部门铭牌、标语贴纸，统一制作 （2）宣传栏。适当位置设宣传栏，内容为酒店简介、酒店业绩图片、重大接待工作图片等 （3）办公用具。信纸、便笺纸、信封、文件夹、资料袋，统一制作 （4）交往、识别用品。名片、员工胸牌、VIP卡、宣传物品，统一制作

（续表）

序号	类别	内容
2	生活区域	（1）标牌、图例。比照办公区域相关内容据实设置，公用设施标志醒目齐全 （2）宣传栏。适当设置，突出员工行为守则、学习培训、文明评选等内容 （3）理念图示、用语及其他内容
3	酒店标志	（1）员工活动室、食堂等区域统一设有和谐共进、基业长青，酒店精神的宣传 （2）酒店各重点区域醒目位置要设置酒店徽标和酒店精神标志，可视情况变化组合 （3）设置横幅、喷绘时要有职工之家酒店标志、酒店精神 （4）重点接待工作过程中，如酒店每年的两会接待、劳模接待，应充分展示酒店标志、酒店精神 （5）制作宣传品、纪念品、日常用品等要标有职工之家酒店标志、酒店精神

（四）多开展特色活动

利用酒店信息简报、宣传专栏等，运用理念故事、报告会、座谈会、演讲等形式，采取悬挂酒店理念、图示、标语等氛围烘托的方式，结合政治思想工作、员工文化活动，开展好酒店文化建设理念的宣传贯彻。

八、制订酒店安全责任书

酒店的安全管理工作非常重要，本书第二章详细论述了酒店安全管理的各个方面内容。要使这些措施得到有效执行，必须将安全责任落实到人。店长可以制定安全责任书，与各部门经理每年签订一次。各部门经理一旦签了责任书，就意味着必须做好本部门的安全管理工作，否则将受到相应的惩罚。

随手札记

【范例39】

安全责任书

为切实加强和规范××酒店的消防和安全管理工作，认真落实消防、治安和交通安全责任制，确保××××年酒店各部门的正常经营、管理和服务秩序。根据《中华人民共和国消防法》、《机关、团体、企业、事业单位消防安全管理规定》、《中国旅游饭店行业规范》及关于治安、交通管理的相关条例的文件精神。本着“预防为主，处理及时”的原则，特制定本责任书。本责任书由酒店店长、酒店消防责任人与各部门负责人签订。

一、目标

1.各部门负责人要遵循“谁主管，谁负责”的原则，切实加强消防及安全工作的领导。将消防和安全管理工作纳入日常管理工作中，做到安全工作有部署、有落实、有检查，并将安全管理工作同本部门业务工作和经营效益结合起来进行总结和考核。

2.全面推行消防和安全责任制，各部门负责人为本部门消防和安全工作的第一负责人，在本部门范围内实施逐级防火责任制和安全责任制。组织并指定专人定期进行消防和安全检查，落实消防和安全工作。

3.确保部门对本责任区域在本年度不发生任何刑事及治安案件和安全事故。

4.确保部门对本责任区域内的各种消防设备设施安全运转，确保消防通道畅通无阻，防止并杜绝各类火灾事故。

5.做好本年度各大节日、重大活动及重要会议期间的安全部署工作，严格按照消防和安全工作程序执行。

二、责任

1.部门负责人对所辖区域内的消防和安全工作全权负责，并在管辖区域分别指派安全责任人负责各项具体工作。

2.各部门负责人应根据实际情况，制定重点部位的消防和安全制度，并在显著位置张贴，经常进行监督检查，实行岗位责任制。

3.建立消防和安全检查制度，酒店店长至少每季度组织一次全面的消防安全大检查并有详细记录。坚持重大节假日、重要会议活动前对重点部位进行消防和安全检查测试且有相关记录，发现问题和隐患要及时整改，短期内无法解决的要采取临时安全措施。

4.对在酒店的施工、装修和维修现象，应制定相关的消防安全制度和措施，对施工、装修和维修现场动用明火、使用可燃材料及易燃易爆化学危险品要有严格的管理和审批程序，并指定专人对执行情况进行监督和检查。

5.负责落实实施部门的日常防火检查工作并做好专项记录，对于存在的隐患及时进行改正，难以改正的要及时上报。

6.严格按照国家标准、行业标准配置消防设施、器材，设置消防安全标志，并定期组织检验、维修，确保完好有效。

7.对酒店消防设施每年至少组织一次全面检测，确保完好有效，检测记录完整准确并存档备查。

8.加强对员工食品卫生安全方面的教育，避免传染病的侵害。

9.严格执行总公司制定的其他消防安

全工作要求。

10.履行法律、法规规定的其他消防安全职责。

11.若本年度责任范围内发生事故，将以书面过失单及罚款等方式对部门经理进行处理。

三、考核

本责任书执行情况由酒店保安部组织检查和考核，根据考核情况并参考年度目标责任书有关条款进行奖惩。

四、其他

本责任书一式两份，酒店店长与各部门负责人各留存一份，自签字之日起生效。

××连锁酒店店长： 部门负责人：

××××年××月××日

九、酒店员工年终绩效考核

每个月月底，店长就要在人力资源部的配合下，对酒店管理层进行考核，并将考核记录在案，具体内容可见本书第三章相关内容。店长对他们的年终考核可参考月度考核结果。

表5-3 年度绩效考核统计表

部门： 考核年度：________年

姓名	岗位	月度绩效分												年度绩效分
		1	2	3	4	5	6	7	8	9	10	11	12	

制表人/日期： 审批/日期：

随手札记

一日工作安排与落实
一周工作安排与落实
月度工作安排与落实
季度工作安排与落实
年度工作安排与落实

管理心得

管理心得，其实是连锁酒店店长对自己个人工作的总结。可以是对某一个事件的看法，也可以是某一项工作的实施计划；可以是成功的经验，也可以是失败的教训。

我的年度管理心得

已办事项	
未办事项	
待办事项	
通过这一个年度的工作，我最大的收获是：	

参 考 文 献

[1] 祝锡萍．财务管理基础．北京：人民邮电出版社，2005．

[2] 王美萍．餐饮成本核算与控制．北京：高等教育出版社，2010．

[3] 蒋中权，林洵子．财务管理．北京：经济科学出版社，1996．

[4] 张先治，等．现代财务分析．北京：中国财政经济出版社，2003．

[5] 郭复初．财务管理．北京：首都经济贸易大学出版社，2003．

[6] 星级酒店服务培训指南丛书编委会．星级酒店客房服务员培训．北京：中国时代经济出版社，2006．

[7] 孔秋英．实用酒店培训指南．北京：中国经济出版社，2003．

[8] 钮先钺．酒店营运管理与实务．广州：南方日报出版社，2002．

[9] 戴斌，束菊萍，等．经济型饭店．北京：旅游教育出版社，2007．

[10] [美]米勒，等．餐饮成本控制——21世纪高等院校旅游专业引进教材系列．黄文波，孙超，译．南京：南开大学出版社，2004．

成功经理人工作手册（服务业·制造业1～20册）

◆人力资源经理成长同步指引
◆生产经理成长同步指引
◆品质经理成长同步指引
◆采购经理成长同步指引
◆行政经理成长同步指引
◆仓库主管成长同步指引
◆物控经理成长同步指引
◆财务经理成长同步指引
◆外贸经理成长同步指引
◆销售经理成长同步指引
◆客服经理成长同步指引
◆技术经理成长同步指引

◆酒店餐饮经理成长同步指引
◆酒店客房经理成长同步指引
◆酒店前厅经理成长同步指引
◆酒店财务经理成长同步指引
◆酒店营销经理成长同步指引
◆连锁酒店店长成长同步指引
◆商场（超市）店长成长同步指引
◆物业公司经理成长同步指引

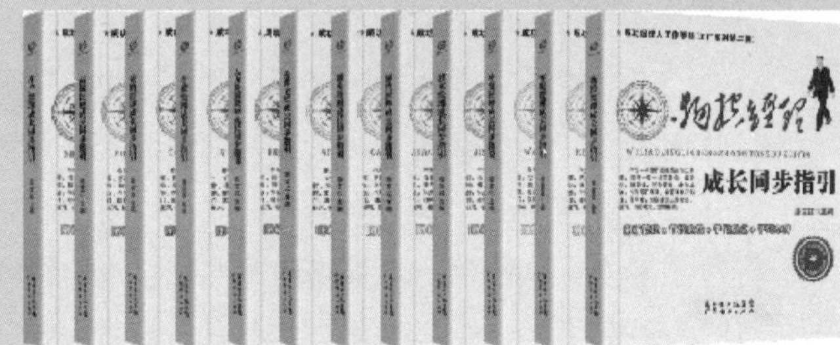

成功经理人365天管理笔记（服务业·制造业1～20册）

“成功经理人365天管理笔记”采用“一日管理+一周管理+月度管理+季度管理+年度管理”编写风格，图文并茂、形式活泼。内容阅读采用PDCA循环法，通过时间安排、工作重点、管理方法、管理心得四个部分为一个完整循环的学习方式进行导读。

◆酒店餐饮经理365天管理笔记
◆酒店客房经理365天管理笔记
◆酒店前厅经理365天管理笔记
◆酒店财务经理365天管理笔记
◆酒店营销经理365天管理笔记
◆连锁酒店店长365天管理笔记
◆商场（超市）店长365天管理笔记
◆物业公司经理365天管理笔记

◆生产经理365天管理笔记
◆品质经理365天管理笔记
◆采购经理365天管理笔记
◆行政经理365天管理笔记
◆人力资源经理365天管理笔记
◆仓库主管365天管理笔记
◆安全主任365天管理笔记
◆客服经理365天管理笔记
◆销售经理365天管理笔记
◆财务经理365天管理笔记
◆物控经理365天管理笔记
◆班组长365天管理笔记